U0882232

森林旅游和森林公园理论与实践系列

森林养生理论与实践

程希平　陈鑫峰　叶　文　主　编

科　学　出　版　社

北　京

内 容 简 介

发展森林养生事业、增进公众健康，是我国林业发展的新趋势，也是践行生态文明建设的新举措，还是实现《"健康中国 2030"规划纲要》的新途径。我国森林资源丰富，发挥和利用森林的多重功能，是"保护绿水青山，实现金山银山"的必由之路。在此背景下，森林养生产业的发展顺应了时代潮流。

全书分为 9 章，分别就森林养生的理论基础、森林养生的发展历程、国外森林养生的发展案例、我国发展森林养生的时代意义、我国森林养生的市场需求概述、森林养生的实践路径、养生保健植物的利用、森林养生的制度化设计进行论述，并梳理总结了相关案例，本书具有前沿性、综合性、实践性与创新性。

本书适合森林旅游、生态学、环境科学等领域的科技工作者，以及森林公园、风景名胜区等保护地的管理者参考阅读。

图书在版编目（CIP）数据

森林养生理论与实践/程希平，陈鑫峰，叶文主编. —北京：科学出版社，2019.11

（森林旅游和森林公园理论与实践系列）

ISBN 978-7-03-057115-1

Ⅰ. ①森…　Ⅱ. ①程…　②陈…　③叶…　Ⅲ. ①林业经济-经济发展-研究-中国　Ⅳ. ①F326.23

中国版本图书馆 CIP 数据核字（2018）第 071821 号

责任编辑：周艳萍　韩　东 / 责任校对：王万红
责任印制：吕春珉 / 封面设计：东方人华平面设计部

科学出版社出版
北京东黄城根北街 16 号
邮政编码：100717
http://www.sciencep.com

三河市骏杰印刷有限公司印刷
科学出版社发行　各地新华书店经销

*

2019 年 11 月第　一　版　　开本：B5（720×1000）
2019 年 11 月第一次印刷　　印张：11 1/4
字数：223 000

定价：68.00 元

（如有印装质量问题，我社负责调换〈骏杰〉）
销售部电话 010-62136230　编辑部电话 010-62151061

本书编委会

总指导： 杨连清　吴　松

主　编： 程希平　陈鑫峰　叶　文

副主编： 李　奎　巩合德　赵敏燕　沈　超

陈　强　李羚菱　郑茹敏

委　员： 李红英　马月伟　董李勤

李小龙　王妍方　吴利华

杨建美　吴　梦　韩文兵

前 言

绿色是生命的象征，森林是健康的福地。走进森林，可以领略自然的质朴，感悟生活的情趣；发展森林养生，可以提升生命的活力，净化混沌的心灵。

随着经济收入的提高，人们的消费需求趋于高端化、时尚化、休闲化，养生作为释放心理压力、提高身体机能的一种特殊途径，越来越受消费者的青睐，成为普通民众追求的一种生活方式。森林养生是指充分利用森林资源和环境，科学地发挥森林保健功能，帮助游客放松精神、疗养身体、促进（维持）身心健康活动的总称。资料显示，森林养生起源于19世纪早期的德国，此后由于其特殊功效，逐渐被人们接受并得以普及。自20世纪80年代以来，日本、韩国、美国，以及欧洲部分国家纷纷将森林养生作为林业提质增效和转型升级的重要抓手，根据各自的特点，调整森林经营模式，寻求森林生态、经济和社会效益的平衡点和增长点，以此提高国民的整体健康水平和生活质量。国外的研究结果和实践充分表明，发展森林养生的相关产业既可以使森林的社会、生态效益得以充分提升，也可以最大限度地彰显森林的经济价值和生态服务价值。由此可见，发展和利用森林的养生功能是目前乃至未来一段时期世界各国林业发展的主要方向。

我国森林资源类型丰富，多功能利用空间前景广阔，森林养生产业开发利用潜力巨大。但是，目前我国关于森林养生的研究尚处于起步阶段，森林养生开发的项目实践也较少，更多的是对养生概念的套用。无论是在具体的开发实施方面，还是在理论研究方面，我国与国际先进水平相比都存在较大的差距。为推动森林养生产业的发展，原国家林业局于2016年专门发布《国家林业局关于大力推进森林体验和森林养生发展的通知》（林场发〔2016〕3 号）。该通知指出森林养生产业的开发利用需要多产业、多部门与多学科紧密合作，共同为森林养生产业的发展贡献力量。基于以上原因，原国家林业局森林旅游工作领导小组办公室联合西南林业大学在开展森林养生科普读本、世界森林养生调查报告及制定森林养生基地质量评定标准等相关工作的基础上共同编写了本书，旨在提高森林养生的公众认知度与参与度，引导森林养生产业的可持续开发与管理，促进人与森林和谐发展。

本书的出版得到国家林业和草原局场圃总站、西南林业大学及日本神林留学生奖学会有关同行的大力支持，在此深表诚挚的谢意。最后，特别感谢本书的责任编辑为本书的出版倾注的大量心血。

由于编者水平有限及时间仓促，加之本领域的研究在国内还处于探索起步阶段，相关概念及系统体系还有待完善，因此，本书难免存在不足之处，部分观点也有待商榷，祈盼广大读者不吝赐教。

程希平

目　录

第1章　森林资源与人类社会发展的关系

1.1　森林资源环境与人类社会的发展

众所周知，人类发展受环境影响，社会的发展也不例外。例如，西方文明与东方文明的根本差异在于经济发展方式的不同，西方国家重工商业，东方国家重农业。由此，西方国家发展出以工商业为基础的社会形态，而东方国家发展出以小农经济为基础的传统社会形态。东西方的不同经济结构决定了人的不同特质，东方人重传统，相对保守；而西方人崇尚自由，相对开放。

森林资源环境对于人类社会的发展有以下几方面的影响。

1.1.1　森林资源对人类社会的影响

1. 森林是多种资源的提供者

森林是多种资源的提供者，它自上古时代就开始为人类所利用，为人类提供了大量的木材。小到我们现在使用的纸巾、筷子，大到古代的战车、房屋，都离不开木材。在现代，森林还被发展成各式各样的公园，成为旅游经济的一部分。

除了经济价值以外，森林更大的功用体现在生态效益上。森林具有净化污水、降低噪声、调节气候、涵养水土等多重功效。

印度加尔各答农业大学的一位教授对一棵树算了两笔不同的账：一棵正常生长50年的树，按市场上的木材价值计算，最多值300美元。但是，如果按照生态效益计算，其价值就远不止这些了。据粗略测算，一棵生长50年的树每年可以生产出价值31 250美元的氧气和价值2 500美元的蛋白质，同时可以减轻大气污染（价值62 500美元），涵养水源（价值31 250美元），还可以为鸟类及其他动物提供栖息环境（价值 31 250 美元），等等。将这些价值综合在一起，一棵树的价值就不仅仅是300美元，而是约15万美元。

森林环境为人类社会的发展提供各式各样的资源。它不仅是生产原材料的提供者，还是生存环境的维护者。

2. 森林危机

一个地区的森林覆盖率若高于30%，而且分布均匀，就能相对有效地调节气候，减少自然灾害。我国的森林覆盖率仅为21.63%，且分布也不均匀，属于少林国。联合国粮食和农业组织发布的《2015年全球森林资源评估》指出，自1990年以来，全球已有约1.29亿公顷的森林消失，面积几乎与南非相当，其中热带雨林的面积大幅减少，森林危机越发严重。

森林危机指的是人类为了自身需要大量破坏森林，致使森林面积减少、生态环境恶化的状态。以我国黄土高原为例，它是世界上水土流失严重的地区之一。但是，在原始社会，黄土高原地区森林茂盛，资源丰富，是中华文明的发祥地。然而，伴随着社会的发展，黄土高原地区人口不断增加，在生产力水平并不高的古代，人类为了生存大量砍伐森林，加上战争带来的毁坏，黄土高原森林面积锐减，生态环境遭到了巨大的破坏，还有盛行西风带来的黄沙堆积，渐渐形成了今天的黄土高原。到了近代，人们并没有停下破坏森林的步伐，由于黄土高原地区矿产丰富，人们无节制地开采，使本就不多的森林进一步减少，风沙侵袭日益严重，华北地区频发的沙尘暴就是例证。严重的森林危机限制了当地经济社会的发展，使原本的中华文明发祥地逐渐变成环境脆弱、经济困难的地区。森林危机带来地表植被严重不足，使该地区水土流失严重，流经该地区的黄河的含沙量不断增多。泥沙在下游堆积，形成“地上悬河”，给下游地区人民生活带来极大的安全隐患（图1-1）。

图1-1 “千沟万壑”的黄土高原

3. 当前的森林资源

中国森林经历了数千年的历史变迁和自然演替，逐步形成了与自然地理条件、土壤气候特征、社会经济发展状况密切相关的，具有明显区域特征的五个主要林区：东北内蒙古林区、西南高山林区、东南低山丘陵林区、西北高山林区和热带雨林区。

东北内蒙古林区地跨寒温带、温带，气候较湿润，山势和缓，森林资源丰富，是中国森林资源集中分布区之一，是中国东北松嫩平原、三江平原和呼伦贝尔草原的生态屏障，也是中国重要的木材生产基地。西南高山林区纬度低，海拔高，地形起伏大，水热条件好，植物种类多，素有“动植物王国”的美誉，是中国最丰富、最独特的野生动植物宝库。东南低山丘陵林区气候温和，雨量充沛，适宜杉木、马尾松、桉等众多速生林木生长，是发展用材林的重点区域。西北高山林区以天然林为主，大部分分布在高山峻岭及水分条件较好的山地。热带雨林区气候温暖，雨量充沛，生长季长，孕育了树体高大、树冠常绿、结构复杂、物种多样的热带雨林和季雨林。

总体来讲，我国的森林资源具有以下特点。

（1）森林树种丰富多样

我国是世界上森林树种特别是珍贵稀有树种类型最多的国家。据统计，中国有高等植物 3 万余种，其中，属于森林树种的有 8 000 余种，仅乔木树种就有 2 000 多种，而材质优良、树干高大通直、经济价值高、用途广的乔木树种有千余种。针叶类的松、杉是北半球的主要树种，全球约有 30 属，而中国就占有 20 属，近 200 种，其中 8 属为中国特有。

（2）竹林资源遍布大江南北

我国拥有种类众多的竹林。我国的竹子种类、竹材及竹制品产量均位居世界首位。全世界有竹子 70 多属，中国就有 39 属，近 500 种，素有“竹子王国”之称。

我国的竹子资源在大江南北均有分布。全国范围大致可分为三大竹区：一是黄河、长江之间地带的散生竹区，主要竹种有刚竹、淡竹、桂竹、金刚竹等；二是长江、南岭一带散生型和丛生型混合竹区，竹种以毛竹为主，也有散生型刚竹、水竹、桂竹和混合型苦竹、箬竹及丛生型慈竹、硬头黄竹、凤凰竹等；三是华南一带丛生型竹区，主要竹种有撑篙竹、青皮竹、麻竹、粉单竹、硬头黄竹和茶秆竹等。

（3）经济林资源丰富

我国经济林资源丰富，有大面积的木本粮油林、果木林、特用经济林和其他经济林。而每一类经济林中又有许多树种，每一树种又有众多品种，可谓种类繁多。中国的经济林分布最广，从南到北，从东到西，凡是有森林分布的地方，大部分生长有经济林，它在我国国民经济中占有重要的地位。

（4）野生动植物资源丰富

野生动植物资源是依赖森林环境而生存的，具有一定的观赏、娱乐、科研、美学等价值。有些动物既具有较高的观赏价值又具有重要的保护价值，如大熊猫、东北虎、金丝猴等。大熊猫是更新世中期以来的进化残遗种，被称为活化石，它体型特别，举止笨拙而且毛色十分独特，具有极高的观赏价值和学术价值。东北虎体形庞大，模样凶猛，斑纹美丽，具有极高的观赏性。我国的金丝猴主要包括滇金丝猴、川金丝猴和黔金丝猴三种，其中川金丝猴毛色金黄，十分漂亮，极具观赏价值。其他野生动物繁育与利用资源主要分布在东北区域、西北区域和热带亚热带区域三大区域。其中，东北区域的野生动物主要为骆鹿、马鹿、梅花鹿、野猪、狍、雉鸡、松鼠、野兔等。西北区域的野生动物主要有岩羊、盘羊、白唇鹿、鹅喉羚、北山羊、牛羚、藏原羚及野猪等。热带亚热带区域的野生动物主要有水鹿、毛冠鹿、赤麂、果子狸、环颈雉等。此外，还有一些动物，经过人工驯化，可以表演节目，以丰富旅游内容和增添情趣。

我国野生植物资源十分丰富。按植物群落特征可分为针叶林、阔叶林和竹林；按起源可分为天然林、人工林、原始林、次生林。针叶林的观赏和旅游价值很高，以其树种和地理条件分为落叶松林、云杉林、樟子松林、西伯利亚红松林、偃松矮曲林、圆柏林、温性松林、红松针阔混交林、铁杉针阔混交林、暖性针叶林及热带针叶林。阔叶林在我国分布最广、所占面积最大，包括落叶阔叶林、常绿落叶阔叶混交林、常绿阔叶林、硬叶常绿阔叶林、季雨林、雨林。竹林在我国的分布也十分广泛，包括湿性竹林、暖性竹林、热性竹林。丰富的植被类型为发展森林旅游提供了良好的资源。

我国幅员辽阔，森林等自然旅游资源十分丰富，无论是湖南张家界砂岩峰林地质公园的砂岩峰林地貌，四川九寨沟、黄龙国家级自然保护区的钙华景观，吉林龙湾群国家森林公园的火山口湖，广西八角寨国家森林公园的丹霞地貌，还是重庆雪宝山国家森林公园的亚高山草甸、贵州百里杜鹃国家森林公园的百里杜鹃花海等，都是大自然的鬼斧神工，是民族身份和国家形象的代表，是中华民族和全人类不可再生的宝贵财富，同时是传播生态文化、弘扬生态文明的重要载体。发展森林等自然资源旅游，可以向人们展示一幅幅神州大地的美丽画卷，可以在潜移默化中激发人们对大自然的向往，激发人们对美丽祖国的热爱。发展森林等自然资源旅游，还可以向人们揭示一个个隐藏在美丽画卷背后的自然奥秘，让人们进一步了解人与自然的关系，从而培养尊重自然、保护自然的生态情怀。

1.1.2 森林文化对人类社会的影响

除了森林危机给人类社会带来的巨大影响外，森林也在影响着人类社会的文化系统。下面就以中华文化为例，阐述森林对我国传统文化的影响。

1）我国独特的饮食文化蕴含着森林因素。作为中国人，筷子是我们引以为豪的文化符号之一。而最早的筷子以竹为原材料。筷子，古称“箸”，后因其与“住”

同音，江南船家为求吉利，改称为“快（筷）儿”。

2）我国的诗词文化蕴含着森林因素。由于古人对自然的敬畏，在我国的古诗词中，森林因素时常可见。例如，陶渊明在《饮酒》一诗中就用“采菊东篱下，悠然见南山”来表现自己对田园生活的热爱，古人还多以柳树表达惜别之情等。

知识小课堂

倒木是森林的另一种姿势

在长白山地下森林的游步道两旁，参天的丛林之中，横七竖八地散布着一棵棵倒下的大树。这些曾经挺拔高大的树木，此刻安静地横卧在大地之上，全身长满绿苔，有的已经枯烂，露出黄褐色的木心。这些倒下的大树所在的地方是一个寂寞的世界：听不到鸟鸣，鸟只栖落在高高的树枝上；见不到阳光，森林太茂密了，那些依然屹立的大树，尽可能地伸展枝丫，将所有能采集到的阳光，都收入囊中；甚至听不到一丝风声，丛林里的风，从一个树尖，跃到另一个树尖，从一片叶子，跳到另一片叶子，发出迷幻般的哨音。

它们叫倒木，即倒下的树木（图 1-2）。

图 1-2　倒木

这些大树，大部分是大风刮过森林时倒下的。有的是垂垂老矣的大树，已经活了几百年甚至更久的时间。巨大的树干差不多被时间掏空了，大风起时，它们摇摇晃晃地一头栽倒，停止了呼吸。它身边的大树，大部分是它的子孙后辈，它们想搀扶它，可是，它的躯干太沉了，而且，也许它自己觉得活得够久了，它已经以一种姿势站了几百年，累了，因此，它顺势倒了下来。

倒木中也有正值壮年、生命力旺盛的大树，骤然被大风连根拔起。它们本是森林中的王者，树干比别的大树更加粗壮，树冠比别的大树更加繁茂，它们的根比别的大树扎得更深更密更牢固，但是，大风起兮，它们却轰然倒塌，巨大的响声，令整个森林颤抖。在众多的倒木中，那些倔强地以倾斜的姿势不肯完全倒下的，就是这样的大树，它们像四五十岁的壮汉一样，还有很多未竟的人生，怎么甘心就此倒下呢?

不管倒木当初是怎么倒下的，当我们遇到它们时，它们就已经倒下了，死了，枯烂了。我们没有见过它们挺拔站立的姿势，仿佛它们生来就是这样倒卧似的。从它们身边走过时，我听到了很多议论，大多数是惋惜、唏嘘，这么粗壮的大树，怎么就倒了呢?

还有人不解地问，这么粗大的树木，为什么任凭它在森林中枯烂，而不将它们运出去，制成木材，让它继续发挥作用？有人甚至当场计算，这样一棵倒木，如果开成木板可以打出多少个柜子，多少只箱子，多少张桌子，多少把椅子……可都是绝对的实木。

景区的工作人员却告诉我们，千万别小看了这些倒木，它们是森林的温床，可以说，没有了它们，就没有茂盛的原始森林。

森林中超过八成的树木幼苗，是从倒木上繁育起来的，故有“倒木是森林的温床”之说；倒木又是微生物的栖息地，小树苗在成长过程中，所需的大量的营养成分，如倒木所含的碳、氮、磷等营养成分就是靠这些微生物分解提供的，倒木因而又是森林的奶娘，无私地把一棵棵小树苗拉扯大。

没错，看起来有点煞风景的倒木，事实上，恰是森林不可分割的重要部分。一棵大树倒下了，成了倒木，它的叶子脱落了，枝干枯萎了，躯干腐烂了，但它并没有死亡，也没有荒废，它只是换了一种姿势，像一位母亲一样敞开了怀抱，是一棵树在森林中的另一种姿态。

对于一棵倒木来说，重新站起来或许并不是它的愿望，让更多的小树发芽、生长，站成森林才是它最大的梦想。而被打造成一件件实用的实木家具，这恐怕是所有的倒木最不愿意做的事情，因此，一棵倒木，一定是极不情愿走出森林的。

在森林之中，总有一些树木，会因为各种的原因倒下，不过，纵然倒下了，枯萎了，腐烂了，它们仍是丛林的一部分。如果你肯放下成见，蹲下身，从另一个角度去看它，就会发现，它只是在丛林中换了一种姿势，它依然是挺拔的、高大的，令人尊敬并值得仰视的。

倒木，是大树的另一种境界。这与那些多舛而又不羁的人生，是多么相似啊。

（资料来源：生态中国网，2016-10-02.）

1.1.3　森林环境对人类社会的影响

森林养生依赖于人类健康福地的天然禀赋，以及源远流长的文化资源。人们在森林怀抱中，排遣城市的喧嚣，置身轻松的环境，领略生活的真谛，参悟人生的价值。森林环境主要从四个方面影响人们，分别是气环境、光环境、水热环境、声环境。

1. 气环境

（1）森林氧气

氧气是人类赖以生存的基本条件，人类每时每刻都需要呼吸氧气，排出二氧化碳。正常情况下，一个人每天需要吸进 0.8 千克氧气，排出 0.9 千克二氧化碳。经研究表明，当空气中的二氧化碳浓度过高时，人们就会感到呼吸不畅；当二氧化碳的浓度达到 4%时，人们就会产生头痛、耳鸣、血压升高等病症；当二氧化碳浓度达到 10%以上时，人类将会死亡。

随着地球上植物的出现，森林里的绿色植物利用日光的能量将大气中的二氧化碳与水合成碳水化合物，并释放氧气。经过亿万年的漫长岁月，森林及一切绿色植物每年消耗掉 5500 多亿吨二氧化碳，释放 1000 多亿吨氧气，逐渐给人类提供了含有充足氧气的环境。

（2）植物精气

植物精气的概念是由我国学者吴楚材首次提出的，被定义为植物的器官和组织在自然状态下释放出的气态有机物。国际上称其为“芬多精”，是植物新陈代谢过程中，植物的花、叶、根、芽等的油腺组织不断分泌的挥发性芳香物质。

研究表明，植物精气在经人体皮肤、呼吸道黏膜吸收后，能刺激、促进人体免疫球蛋白增加，从而增强人体抵抗力，还能调节人体植物神经的平衡。植物精气还具有杀死空气中部分细菌（如结核菌、大肠杆菌等）等有害微生物的作用，防止这类生物侵害树体，并对治疗人体疾病具有相当好的效用。

其实，宗教和医学对植物精气的功能早有应用，著名的有释迦牟尼在菩提树下开悟，耶和华在香树下设祭坛，孔子在黄连树下长眠，这些无不与树木散发的精气有关。我国名医华佗曾用丁香加麝香等制成的香囊或香球治疗呼吸道感染、吐泻等疾病。

（3）负离子

负离子，又称气体维生素，是指获得 1 个或 1 个以上电子带负电荷的离子。在自然状态下，空气分子的极性呈中性，即不带电荷。但在特定条件下，空气分子会失去一部分围绕原子核旋转的最外层电子，使空气发生电离。逃逸原子核束缚的电子称为自由电子，即带负电荷。当自由电子与其他中性气体分子结合后，就形成带负电荷的空气负离子。负离子不但能中和正离子、抑制正离子对人类健康的危害，而且对人类的健康具有惊人的积极作用。例如，负离子通过呼吸道，使呼吸道上的绒毛振动频率加快，使血液中的氧含量增加，这就是人在进入森林后会感到头脑清醒、体力充沛的原因。

通常条件下，自然界负离子的产生有三种途径：一是大气受紫外线、宇宙射线、放射性物质、雷雨、风暴等因素的影响发生电离而产生负离子；二是在瀑布冲击、细浪推卷等自然过程中，水在重力作用下高速流动，水分子裂解而产生负离子；三是森林的树木、叶枝尖端放电及绿色植物光合作用，使空气电离而产生负离子。负离子浓度主要与自然因素和气象因素有关，原始森林和天然瀑布产生的负离子浓度较高，晴天的负离子浓度高于阴天，雨天高于晴天。

长期生活在森林中的居民疾病少、寿命长与负离子含量高有密切的关系。医学临床试验结果表明，负离子的养生功效主要包括以下七个方面（图 1-3）。

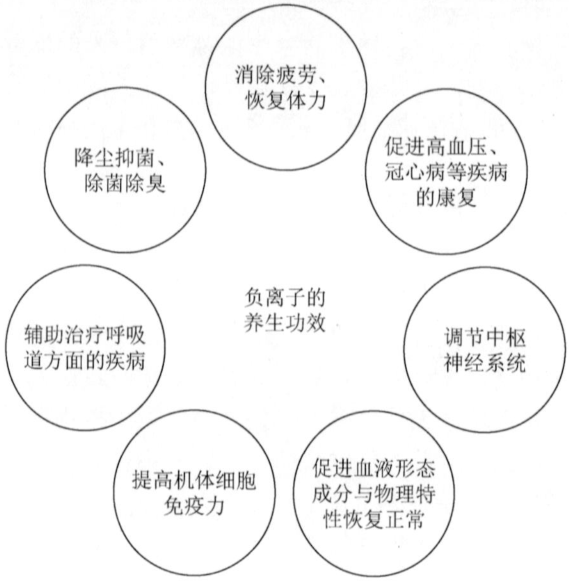

图 1-3　负离子的养生功效

（4）空气洁净度

大气中漂浮着大量的尘埃，这些尘埃通常包括尘土、工业尘埃、炭粒、石棉、水泥、纤维粉末等。尘埃粒直径小于 10 微米的浮游粉末叫作飘尘。飘尘长期在空气中飘浮，具有很大的吸附性，能吸附某些可致癌的碳氢化合物及二氧化硫等气体，可形成危害很大的硫酸雾和硝酸雾。这些有毒的灰尘被吸入肺部，将引起疾病，危害人体健康。

森林的滞尘作用表现在以下几个方面：一是由于森林和树木的枝叶茂密，可以阻挡气流和减低风速，使烟尘在大气中失去移动的动力而降落；二是树木叶片有一个较强的蒸腾面，晴天要蒸腾大量水分，使树冠周围和森林表面保持较大湿度，使烟尘湿润增加重量，加上湿润的树木叶片吸附能力增强，这样烟尘较容易降落吸附；三是树木的花、果、叶、枝等能分泌多种黏性汁液，同时表面粗糙多毛，空气中的烟尘经过森林便附着于叶面及枝干的下凹部分，从而起到黏着、阻滞和过滤作用。

森林的叶面积总数很大，为其占地面积的数十倍，因此，吸滞烟尘的作用很大。通常，森林地区大气中飘尘浓度要比非森林地区低 10%～25%。而不同的树种对烟尘的吸附和阻滞效果是不同的。例如，每公顷云杉林一年滞尘总量为 32 吨、松林为 36 吨；阔叶林吸尘量较大，如栎类林或栎槭混交林可吸尘 68 吨。

（5）空气含菌量

森林能分泌杀菌素如萜烯、乙醇、有机酸、醚、醛、酮等，如 1 公顷的榉树、圆柏、杨树、槐树等，一昼夜能分泌 30 千克的杀菌素，这些物质能杀死细菌、真菌和原生动物，使森林中的空气含菌量大大减少。

据报道，南京市各公共场所空气含菌量为每立方米 49 700 个，公园内为每立方米 1 372～6 980 个，郊区植物园为每立方米 1 046 个。张家界国家森林公园的夫妻岩人工杉木林内含菌量每立方米仅为 244 个，林道附近因游人影响为每立方米 524 个，而同时在公园内游人食宿中心测定为每立方米 13 918 个，张家界市汽车站为每立方米 32 753 个，每立方米森林空气含菌量与城市相差达 134 倍。浙江千岛湖森林公园内林地空气含菌量为每立方米 646 个，仅为县城千岛湖镇的 1/120。法国的研究表明，城中百货商店空气中细菌达每立方米 400 万个，而公园森林中只有每立方米 100 个。

中南林业科技大学森林旅游研究中心曾监测了 460 多组数据，结果表明，森林空气含菌量为每立方米 0～320 个，极个别森林会达到每立方米 500 个；而城市空气含菌量一般为每立方米 2 700～28 600 个，大部分城市为每立方米 16 000～28 600 个，大大超过国家卫生标准限值每立方米 3 700 个。由于空气中绝大多数细菌对人体健康有害，因此，空气含菌量便成为评价空气质量的重要指标。

2. 光环境

森林阳光的紫外线微弱，红外线适度，光线柔和。树叶对阳光的过滤是造成舒适感的重要原因之一。根据相关研究，森林环境散步所处的光环境照度是在城市环境的 2/9，这说明森林中的光环境照度变化是不大可能造成炫光和眼睛不适的。森林步道对光环境照度有较高的要求。

3. 水热环境

通常，温度和湿度共同对人体健康产生影响。根据相关研究，森林环境中的空气温度约为20.1℃，而城市环境中的空气温度约为26℃，人体最适宜的温度为18～24℃；森林环境中的相对湿度为75.1%，而城市环境中的相对湿度为59.3%，人体最适宜的健康湿度为40.0%～65.0%。传统的中医学将“风、寒、暑、湿、燥、火”称为六气。实际上，六气也就是空气流动，是气温高低、湿度大小的反映。当外界环境发生骤变或在人体抵抗力和适应能力下降时，六气就成为致病因素。适宜的温度和湿度可抑制病菌的滋生和传播，提高人体的免疫力。

4. 声环境

森林是天然的消声器，具有防噪声的功效，森林里的树木的吸声能力比粗糙的墙壁更强。森林的消声能力是与森林面积成正比的，森林面积越大，林带越宽，消除噪声的能力就越强。绿色的林带像一堵隔音墙，尤其能隔离高频的车辆噪声，减少声音的反射，声波碰到林带，能量被吸收20%～26%，声强降低20～25分贝。森林养生中声环境是非常重要的，人们在噪声较低的森林中，可以聆听到野生鸟类的鸣叫、流动的水声、吹过树梢的风声、昆虫的鸣叫声等“天籁之音”。

综上所述，森林环境能给人舒服的感觉。由于森林中空气清新、气温舒适、噪声少，人在森林中会感到放松，释放压力。森林中的自然声音，如蝉鸣声、流水声等，还能给人以美的享受。

除此之外，森林环境对人体健康效应的研究取得突破进展。林木所释放的植物杀菌素等化学物质，有助于提高NK（natural killer，自然杀伤）细胞活性，从而对高血压、抑郁症、糖尿病等具有显著的预防和减缓作用。森林覆盖率高的地方，人们得癌症的概率会降低，长寿的人也较多。从实证研究转变到了科学量化数据为基础的循证研究，在医学上证明了森林环境对人体健康的影响，如减少交感神经活动、增加副交感神经活动，降低血压及脉搏率，减少应激激素水平，提高NK细胞活性和抗癌蛋白增加等生理效应，以及增加心境状态量表活力分数，降低焦虑、抑郁、愤怒、疲劳及困惑分数等心理效应。这些研究成果将为未来决定如何利用森林环境促进人类健康产生重要影响。

1.2 森林养生与森林资源环境的关联

当下，越来越多的人感受到了森林对其健康的作用。由此而兴起的以调节身心、预防疾病、缓解压力、修身养性、恢复健康等为主要目的的森林养生越来越受到人们的青睐。森林养生的初衷是让人们享受森林的恩惠，使他们零距离地接触自然、感受自然、亲近自然，在享受森林恩惠的同时接受森林及大自然的教育，使人们更加了解自然、最终热爱自然，进而激发全民走进森林、热爱森林的新热潮。

1.2.1　森林养生对森林资源环境的要求

近年来，随着自然环境污染的加剧和生活压力的增大，森林养生也获得了飞速的发展。我国传统中医非常重视环境对人体的影响，人们要想“享天年”，适宜的自然环境必不可少。

自然环境和谐优美，不但让人赏心悦目，还有利于身体健康，是养生者增强体质、防治疾病、延年益寿的物质前提。适宜养生的自然环境必然具备以下几个条件。

1）水源充足、干净。水是生命之源，是所有生命生存延续的物质基础。它不仅为人类各项生理活动提供保证，还是其他生物生存的基础，间接促进了食物的生产。而森林，可以保持水土，净化水质，因此森林对健康养生具有极其重要的意义。

2）阳光适度充沛。不充沛的阳光会使人的生活环境灰暗不明，在此环境下，人类极易产生消极情绪，不利于养生。人们往往有这样的经验，长期待在缺乏阳光照射的环境中会脸色苍白、身体虚弱。但是，阳光过于充沛，亦会使人不舒服。而森林就可以利用其树叶等调节过强的阳光，因其参差不齐，也不会挡住过多的阳光，从而保持适度。

3）空气新鲜。空气虽然看不见摸不着，但是在人类生命中扮演着极为重要的角色。新鲜的空气是养生者必不可少的物质。污浊、不充足的空气会损害人体的呼吸系统，危害人体健康。森林在这方面具有强大的优势，其净化空气的效度不言自明。

4）幽静美丽。没有人喜欢生活在穷山恶水之地，人们往往选择山清水秀、鸟语花香的环境定居。此类环境不仅可以提供充足的水、阳光和新鲜空气，还能使人心情愉悦。而在众多种生态环境中，没有比森林环境更加适宜的。

也就是说，森林资源环境为森林养生提供了扎实的物质条件。而对于森林资源环境而言，森林养生亦为其带来了巨大的保护效益。森林养生的高标准，使森林资源环境获得了“护身符”，有效地避免了环境的破坏和污染。

1.2.2 森林养生的发展与森林资源的生态因子

1. 森林养生的发展

森林养生是在我国新常态下，发展健康产业的创新模式，是撬动整个健康全产业链的杠杆。目前，我国已经成为世界第二大经济体，经济增长速度位列国际前茅。庞大的人口基数及消费能力可以为森林养生事业和产业的发展提供巨大的发展空间和市场潜力。通过森林旅游、休闲运动与健康保健三者的有效结合，森林养生必将形成内涵丰富、功能突出、效益明显的新产业模式，成为推动国家经济和社会发展的又一新亮点。

2. 森林资源的生态因子

生态因子的类型多种多样，分类方法也不统一。简单、传统的方法是把生态因子分为生物因子（biotic factor）和非生物因子（abiotic factor）。前者包括生物种内和种间的相互关系，后者则包括气候、土壤、地形等。根据生态因子的性质，可分为以下五类。

（1）气候因子

气候因子也称地理因子，包括光因子、温度因子、水分因子、空气因子等。根据各因子的特点和性质，还可再细分为若干因子。例如，光因子可分为光强、光质和光周期等，温度因子可分为平均温度、积温、节律性变温和非节律性变温等。

（2）土壤因子

土壤是气候因子和生物因子共同作用的产物，土壤因子包括土壤结构、土壤的理化性质、土壤肥力和土壤生物等。

（3）地形因子

地形因子，如地面的起伏、坡度、坡向、阴坡和阳坡等，通过影响气候和土壤，间接地影响植物的生长和分布。

（4）生物因子

生物因子包括生物之间的各种相互关系，如捕食、寄生、竞争和互利共生等。

（5）人为因子

把人为因子从生物因子中分离出来是为了强调人的作用的特殊性和重要性。人类活动对自然界的影响越来越大和越来越带有全球性，分布在地球各地的生物直接或间接地受到人类活动的巨大影响。

生态因子的划分是人为的，其是为了研究或叙述的方便。一方面，在环境中，各种生态因子的作用并不是单独的，而是相互联系并共同对生物产生影响的，因此，在进行生态因子分析时，不能只片面地注意到某一生态因子，而忽略其他因子。另一方面，各种生态因子也存在着相互补偿或增强作用的相互影响。生态因子在影响生物的生存和生活的同时，生物体也在改变生态因子的状况。

美国植物生态学家道本迈尔将生态因子分为七个并列的项目，即土壤因子、水分因子、温度因子、光照因子、大气因子、火因子和生物因子。在研究园林植物与环境的相互关系时，主要考虑除火因子之外的其他六个因子，因为它们常常直接影响园林植物的生长发育。

随着科技和工业的迅猛发展及城市和人口的扩张，大量的森林被砍伐，住在城市中的人们由于远离森林，不得不忍受汽车尾气和工业废气等污染，亚健康盛行。据世界卫生组织发布的报告显示，高污染城市中的死亡率超过相对清洁城市15%～20%。据统计，在欧洲，PM 2.5 每年导致 386 000 人死亡，并使欧洲联盟（以下简称欧盟）国家人均期望寿命减少 8.6 个月。中国社会科学院城市发展与环境研究所发布的《城市蓝皮书》中亦指出，包括北京、天津等在内的近九成城市，目前正处于“亚健康”状态。在这个背景下，森林的养生价值受到了空前的关注。

知识小课堂

更多负离子，更多清新空气

近年来，随着空气质量成为人们关注的焦点，很多和空气质量有关的“新”概念不断出现在我们的视野之中。而经常被提到的一个概念，就是负离子。现在，很多城市会在市民集中的地方设立电子告示牌，时时监测和通报空气中的负离子含量，很多的空气净化产品也将能生成负离子作为一大卖点。那么，负离子到底是什么呢？它和空气质量有什么关系呢？下面我们就一起认识一下负离子。

空气中的分子在高压或强射线的作用下被电离所产生的自由电子大部分被氧气所获得。其中一类因此获得一些电子的带负电荷（电子带负电荷）的氧气离子被称为“负离子”。

空气中负离子浓度的高低是空气质量好坏的标志之一，世界卫生组织对清新空气的负离子标准浓度也进行了相关规定。我国也将负离子纳入了气象监测系统，在空气环境保护等领域有广泛应用。负离子对人体的益处（图 1-4）主要包括以下几个方面：负离子进入血液循环能对人的机体生理活动产生影响，使红细胞沉降速度变慢，凝血时间延长，还能使红细胞含量增加，白细胞、血糖含量下降，疲劳肌肉中乳酸的含量减少；负离子能使人的大脑皮层抑制过程加强并具有调整大脑皮层的功能，因此能起到镇静、催眠及降血压的作用；负离子进入人体呼吸系统后，可使支气管平滑肌松弛，解除其痉挛；负离子进入人体血液，能使血红蛋白增加；负离子进入血管，可使血管不易发生堵塞；负离子进入骨骼组织，能使骨骼更结实。

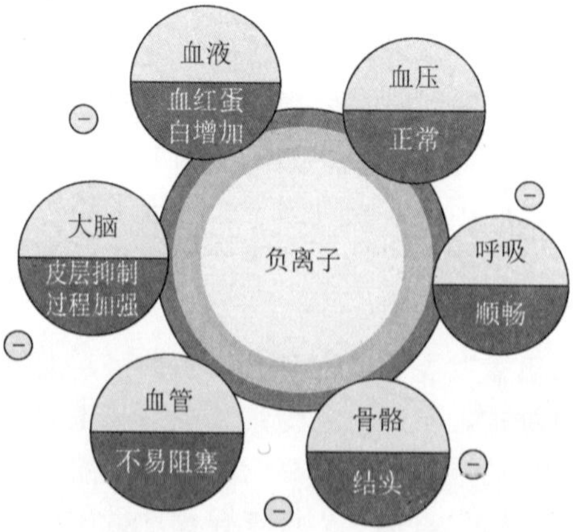

图 1-4　负离子对人体的益处

据研究，通常不同环境中负离子含量存在较大差异（表 1-1），如室内冷暖空调房间的负离子含量可能仅为 0～20 个/厘米^3，此时，容易引发“空调病”等。而在城市街道绿化区，负离子含量可能也只有 100～200 个/厘米^3。但到了郊外、田野，负离子含量可能成倍增长，特别是在森林瀑布区，由于植被丰富和水雾冲击释放电子的影响，负离子含量可能高达 100 000～500 000 个/厘米^3，处于这种环境下，人们会感到神清气爽、舒适惬意。

表 1-1　不同环境下的负离子浓度

环境	负离子浓度/（个/厘米^3）
森林瀑布区	100 000～500 000
高山、海边	50 000～100 000
郊外、田野	5 000～50 000
都市公园	1 000～2 000
街道绿化区	100～200
都市住宅封闭区	40～50
室内冷暖空调房间	0～20

至于市面上的能产生负离子的空气净化器，事实上是可以起到清新空气、让人感到舒适的作用的。但是，也有些不合格的产品能在瞬间生成每立方厘米上百万个负离子，如此多的负离子对人体的影响还是未知的；还有些不合格产品在生成负离子的时候生成其他的东西，如臭氧等，反而对人体有副作用。

（资料来源：云南环保科普，2016-09-28.）

第2章　森林资源利用的发展阶段

森林养生是伴随着林业、旅游业、养生保健、生态环境等诸多概念集合而发展的，依托森林资源与环境开展相关的森林养生活动。森林养生能增进社会福祉，促进国民身心健康，激发人们主动参与森林保护的积极性，增加就业，调整产业结构，最终实现林业的可持续发展。

2.1　林业发展阶段与模式回顾

宏观层面上，林业经历了三个发展阶段：以木材生产为主的林业发展阶段、生态或环境林业发展阶段和多功能林业发展阶段，分别对应以木材生产为主的林业发展模式、生态或环境林业发展模式、多功能林业发展模式。

2.1.1　以木材生产为主的林业发展模式

以木材生产为主的林业发展模式是林业诞生以来主要的生产模式。无论是原始社会，还是工业革命时期，抑或科技飞速发展、替代产品日新月异的当代，满足人们生活中的木材需求始终是林业的重要任务。以木材生产为主的林业发展模式以法正林学说和 Faustmann 模型为标志，林业科学和经营管理达到了一定高度。法正林就是具备永续状态的森林，即具备能够实现严格永久平衡利用状态的森林。按照法正林学说，森林经营应当实施严格的保续作业，也就是每年都有均等、固定的木材收获。Faustmann 模型可以追溯到 19 世纪中期，通过这一模型可以进行大范围战略分析，制订最佳的森林管理方案。Faustmann 模型是以法正林为基础，以追求利润最大化为目标来经营森林的模型。

在木材生产基地和以生产木材为主的林地，以木材生产为主的林业发展模式仍然是现实可行的。我国速生丰产林建设工程就是以木材生产为主的林业工程。

2.1.2　生态或环境林业发展模式

随着森林生态环境的持续恶化，人们开始对以木材生产为主的林业发展模式进行反思。公众支持多价值生态系统管理超过单一木材生产方式，不支持木材经济效益最大化，生态或环境林业发展模式应运而生。

生态效益的基础是生态平衡和生态系统的良性、高效循环。生态效益关系到人类生存发展的根本利益和长远利益。人们试图依据生态平衡规律，使自然界的生态系统对人类的生产、生活和环境条件产生有益的效果。

林业生产中的生态效益是指使森林生态系统各组成部分在物质与能量输出输入的数量、结构功能上，经常处于相互适应、相互协调的平衡状态，使森林资源得到合理的利用和保护，促进社会经济持续、稳定发展。在生态或环境林业发展模式下，生物多样性保育（又称为生物多样性恢复）是主要命题。林业以保护生态环境为主，这一模式是生态环境脆弱地区和重要生态区域林业的主要经营管理方式。在我国，六大林业重点工程（天然林保护工程、“三北”和长江中下游地区等重点防护林体系建设工程、退耕还林还草工程、京津风沙源治理工程、野生动植物保护及自然保护区建设工程、重点地区以速生丰产用材林为主的林业产业建设工程）的实施就是这一模式的典型实践。

2.1.3 多功能林业发展模式

以木材生产为主的林业发展模式受到的质疑最多，虽然这是林业的基本生产方式，但同时存在很多问题。追求单一的林产品，很难满足人们对林业的多样化需求，同时也影响森林其他效益的利用，甚至可能造成生态系统的退化、环境质量的下降等。在生态环境持续恶化的今天，木材生产必须放在整个林业发展乃至社会发展的大环境下进行考量，即便是知名的产品，也很少有木材或非木材林产品持续产出的事例。例如，巴西坚果和桃花心木，由于缺乏充足的知识储备，人们很难设计出一套满足持续产出的方案。因此，在实践中人们往往会抛弃木材的持续生产和供应这一观念。

生态或环境林业发展模式与以木材生产为主的林业发展模式相悖。在生态或环境林业发展模式下，利用森林资源和保护生态环境是林业的两个主要任务，这两项任务不可偏颇。在资源枯竭、生态环境恶化的情形下，生态或环境林业发展模式有一定的市场，但不可能涵盖林业的全部。

以上两种林业发展模式均不能全面、准确地引领林业的发展方向，不能因地制宜、因时制宜地经营森林、发展林业。因此，人们有必要开展多功能林业发展模式。

多功能林业发展模式以可持续发展为基础，由单一功能向多功能转变，发展多重效益的林业，社会、经济和生态效益在林业发展中得到充分体现。发展多功能林业是对现有经营模式的反思，是林业作为一个行业的回归。这里的多功能既是森林的多功能，也是林业的多功能，还是促进社会进步、经济发展的多功能，是林业现代化发展的要求。在多功能林业发展模式的探索中，人们应当立足林业行业，发挥行业自身优势，走可持续发展道路，多功能和多效益地利用森林资源，在保护生态环境、促进社会进步和发展经济的同时充分发挥林业的作用。多功能林业发展模式主要从宏观上、整体上强调林业发展模式，并不排斥具体经营对象或区域的单一功能经营。多功能林业发展模式的本质是最大限度地发挥林业的综合效益、主导效益或时空节点上的最佳效益。

2.2　森林经营与森林旅游的发展

2.2.1　森林经营原则及其方法的演化

为了实现森林的持续发展与生态环境的平衡，在森林经营管理中需要遵循一定的技术原则，采取恰当的经营方法。森林经营的思想来源于 19 世纪的恒续林思想，盛行于 20 世纪 60 年代前后出现的西方社会的生态觉醒（表 2-1）。

表 2-1　森林经营原则及其方法的演化

原则	方法
永续利用原则	平分法、龄级法
法正林原则	
财政收益原则（始于 19 世纪中叶）	林分经济法、检查法、林分法、小班经营法
恒续林（生态林）原则	异龄混交林法、检查法、连续清查法、小班经营法等
满足需求原则（始于日本 20 世纪 50 年代）	目标林法
综合利用原则	人工林天然化方法、生态平衡加机械化方法、国土规划方法、森林效益地图法、生态评价法、生态型管理恒续林法
多种利用原则（由美国提出）	
主导利用原则（由法国提出）	
复合利用原则（由第七届世界林业大会提出）	
最适利用原则（属于多效益林业体系，由日本提出）	

2.2.2　森林旅游发展现状

当前，我国的森林旅游业正迎来最好的发展时期，森林旅游的发展空间十分巨大，具体可以从以下几个层面来看。

1. 国家意志层面

加快发展森林旅游，符合生态文明建设的需要。多年的实践证明，发展森林旅游是协调保护与发展、生态与产业的途径之一，是弘扬与传播生态文明理念、提高国民生态素养的途径之一。

加快发展森林旅游，符合全面建成小康社会的需要。据 2016 年 8 月 16 日《第一财经日报》报道：全国 832 个贫困县（含贫困片区县）基本位于大山区、大林区，多具有明显的森林风景资源优势，也不乏通过发展森林旅游带动区域经济发展的鲜活例子。森林旅游在促进贫困人口就业增收中具有天然的地缘优势，具有强大的带动功能。2016 年中国森林旅游节新闻发布会上，国家林业局①副局长张永利表示，多年的实践表明，发展森林旅游是实践“两山”（绿水青山就是金山银山，冰天雪地也是金山银山）的最佳途径，是建设生态文明、助推精准扶贫、促进林业转型发展的重要举措。

2. *社会需求层面*

当前，城镇居民对体验自然的需求越来越大。社会发展的规律：城市化越发展，对体验自然的需求总量越大；物质生活越富裕，对精神层面的需求越旺盛。今后一个时期，人们对森林旅游的需求还将保持快速增长势头。

另外，随着人们生活条件的日益改善和环境问题的日益突出，人们对各种环境问题越来越关注，对维护自身的健康越来越重视，森林在健身、保健、疗养、医疗等方面的功效越来越受到推崇。因此，发展森林养生将成为森林旅游的重要方向。

3. *林业发展层面*

加快发展森林旅游，是壮大林业产业的要求。林业既是重要的基础产业，也是重要的公益事业。发展林业产业是实现林业可持续发展的必然要求。2014 年 1 月，国务院副总理汪洋听取国家林业局工作汇报时强调，新一届中央领导集体把林业工作放到了更加突出的位置，强化了林业的社会生产力功能，强调了林业的公共产品属性，突出了用制度加强林业建设和保护，要充分认识新一届中央领导集体对林业工作的高度重视，深刻领会其对林业改革发展的重要思想，并进一步深化研究如何在林业上体现让市场发挥决定性作用和更好发挥政府作用，如何在保护好生态的同时加快发展林业产业，如何充分发挥两个市场两种资源的作用等重大问题。

加快发展森林旅游，是巩固林业改革成果的要求。随着国有林区、国有林场、集体林区天然林逐步实现禁伐，发展森林旅游进一步成为林业产业结构调整的重要选择，成为维护林区稳定与繁荣的重要途径。

4. *森林旅游自身发展层面*

森林旅游一直保持着快速增长的良好势头，但森林旅游自身发展的潜力依然

① 国家林业局于 2018 年 3 月改组为国家林业和草原局，本书中所列举的案例、规范等均为改组前的，为便于阅读仍使用原名称。

十分巨大，如森林旅游目的地基础服务设施薄弱、旅游产品单一、从业人员素质不高、社会影响不大等问题还普遍存在。特别是，各地森林旅游的发展水平极不平衡，游客量排名前 30 位的国家森林公园接待了超过 20%的全国森林公园游客。这种发展的不平衡导致全国小部分森林公园的管理人员经常为节假日的人满为患发愁，而大部分森林公园依然是门可罗雀，造成森林风景资源的利用效率很低。随着森林旅游发展从依靠关键少数到整体推进转变，我国森林旅游业发展必将有一个大的跨越，为进一步实现森林养生事业的发展发挥巨大的推动作用。

鉴于森林旅游的重要作用和巨大潜力，近年来，中共中央、国务院出台的一系列重要文件强调要积极发展森林旅游。森林旅游也因此成为现代林业建设的重要内容，得到了国家林业局的高度重视。

森林养生是森林多功能利用的重要形式，是今后一个时期我国森林旅游发展的重要方向。因此，原国家林业局 2016 年连续下发关于促进森林养生发展的相关通知及决定：2016 年 1 月，《国家林业局关于大力推进森林体验和森林养生发展的通知》（林场发〔2016〕3 号）；2016 年 2 月，国家林业局森林旅游管理办公室《关于启动全国森林体验基地和全国森林养生基地建设试点的通知》（林园旅字〔2016〕17 号）；2016 年 7 月，《关于公布第一批全国森林体验基地和全国森林养生基地试点建设名单的通知》。

第3章　森林养生的概念和发展历史

3.1　森林养生的概念与内涵

森林养生是以森林资源及赋存环境为载体来开展养生的活动，是与森林有关的公益和经济活动的综合。因此本书从与森林养生相关的林学、经济学、社会学基本概念入手，介绍森林养生的概念与内涵。

3.1.1　与森林养生相关的林学概念

1. 森林

森林是以乔木树种为主的具有一定面积和密度的木本植物群落，受环境制约，又影响（改造）环境，形成独特的（有区别的）生态系统整体。森林是开展森林养生活动的优良场所，是林学中的一个重要概念。森林具有生长周期长、产出丰富、地理环境多样、天然更新能力强、环境影响力巨大等特点，被誉为“地球之肺”，具有经济效益、生态效益和社会效益。

森林的相关分类多种多样：按发育演替形式可分为天然林、次生林和人工林；按起源可分为实生林和萌芽林；按树种组成可分为纯林和混交林；按林业经营的目的可分为用材林、防护林、炭薪林、经济林和特种用途林；按林龄可分为幼林、中龄林、成熟林和过熟林；按年龄结构可分为同龄林和异龄林。

不同类型的森林在森林养生利用过程中具有不同的特点，因此在森林养生基地建设过程中，各级政府应该因地制宜，结合本土特色，开展相关工作，注意避免同质化现象的发生。

2. 环境

从狭义的角度来讲，环境是指相对于人类这个主体而言的一切自然环境要素的总和；从广义的角度来讲，环境既包括以大气、水、土壤、植物、动物、微生物等为内容的物质因素，也包括以观念、制度、行为准则等为内容的非物质因素。

森林自然景观资源包括林景、山景、水景、气象气候景观、古树名木、奇花异草、珍稀动植物等。森林人文景观资源包括文物古迹、民族风情、地方文化、艺术传统等，是开展森林体验的重要资源，与其他森林利用活动的资源是相似的。

森林生态环境资源包括环境空气、地表水环境、天然外照射贯穿辐射水平、植物精气、空气负离子（以下简称负离子）、空气微生物、声环境，以及森林磁场和旅游舒适期等，为森林养生活动提供独特的场所和利用方式。

3. 生态系统与生态平衡

“生态系统”一词是英国植物生态学家 A. G. 坦斯黎于 1935 年提出的，是指在一定空间内生物成分（生物群落）和非生物成分（物理环境）通过物质循环和能量流动相互作用、互相依存而形成的一个生态学功能单位。

生态系统具有一定的组成成分和结构。各成分按照一定的方式组合起来形成结构，通过结构执行一定的功能。一个完善的生态系统由四类成分构成，即非生物成分，生物成分中的生产者、消费者和分解者。任一生态系统都必须凭借一定的结构实现其功能，而结构影响功能的效果，所以结构是生态系统的重要特征。生态系统的结构除形态结构、垂直结构和水平结构外，最重要的是由食物或营养关系形成的营养结构，即食物链和食物网。

当生态系统处于相对稳定状态时，生物间和生物与环境间出现高度的相互适应与协调，种群结构与数量比例没有明显变化，能量和物质的输入与输出大致相等，结构与功能相互适应并获得最佳协调关系，这种状态就是生态平衡，即生态平衡是生态系统在一定时间内结构和功能的相对稳定状态，其物质和能量的输入与输出接近相等，在外来干扰下，能通过自我调节或人为控制恢复到原初的稳定状态。生态平衡是动态的，维护生态平衡不只是保持其原始稳定状态。生态系统在人为有益的影响下，可以建立新的平衡，达到更合理的结构、更高效的功能和更好的生态效益。因此，平衡稳定的生态系统为森林养生提供了物质与非物质基础，为科学发展森林养生提供了前提条件。

4. 森林资源

森林资源是林地及其所生长的森林有机体的总称。这里森林资源以林木资源为主，此外，还包括林中和林下植物、野生动物、土壤微生物及其他自然环境因子等资源。

根据《第八次全国森林资源清查主要结果（2009—2013 年）》显示，我国森林面积达 2.08 亿公顷，森林覆盖率为 21.63%。活立木总蓄积量为 164.33 亿立方米，森林蓄积量为 151.37 亿立方米。天然林面积为 1.22 亿公顷，蓄积量为 122.96 亿立方米；人工林面积为 0.69 亿公顷，蓄积量为 24.83 亿立方米。森林面积和森林蓄积量分别位居世界第 5 位和第 6 位，人工林面积仍居世界首位。该清查结果表明，我国森林资源呈现出数量持续增加、质量稳步提升、效能不断增强的良好态势。

但我国仍然是一个缺林少绿、生态脆弱的国家，森林覆盖率远低于全球31%的平均水平，人均森林面积仅为世界人均水平的1/4，人均森林蓄积只有世界人均水平的1/7。森林资源总量相对不足、质量不高、分布不均的状况仍未得到根本改变，林业发展还面临着巨大的压力和挑战，主要表现在森林增长目标任务艰巨、严守林业生态红线面临的压力巨大、加强森林经营的要求非常迫切、森林有效供给与日益增长的社会需求的矛盾依然突出。据此，发展森林养生不仅能缓解林业发展的压力，还能够促进林业资源的多功能利用，加快林业供给侧结构性改革，实现林业资源的健康发展。

3.1.2 与森林养生相关的经济学、社会学概念

1. 需求与供给

经济学中的需求是指在一定的时期，在一种既定的价格水平下，消费者愿意并且能够购买的商品数量。随着我国经济的快速发展，人们的收入水平已经达到较高水平，与此同时，随着城市生态环境的不断恶化和民众精神压力的持续增大，人们走进森林、回归自然的需求越来越强烈。

经济学中的供给是指在某一特定时期内，在每一价格水平上，生产者愿意并且能够提供的一定数量的商品或劳务。在森林多功能利用的引领和生态文明理念的指引下，对森林进行森林养生活动的发展迫在眉睫。

社会学中的供需关系主要表现在人类的全部活动及思考都是围绕供需问题展开的，需求是人类社会的历史起点和逻辑起点。在强调需要的同时，人们更应该联系社会生产的供给。

目前，我国森林养生市场处于供需不平衡的状态，需求大于供给。一方面，森林养生的需求快速增加，亟须得到满足；另一方面，森林养生处于起步阶段，森林养生理念的深入和森林养生产品的开发处于初级阶段，人们的森林养生需求不能够得到完全满足。森林养生行业需要从理论与实践方面得到快速发展。

2. 养生

养生原指道家通过各种方法颐养生命、增强体质、预防疾病，从而达到延年益寿的一种医事活动。而如今养生是指根据生命的发展规律，通过各种调摄保养，增强自身体质，从而增强对外界环境的适应能力和抗病能力，达到颐养生命、增强体质、愉悦精神、增进智慧、延长寿命的目的的科学理论和方法。

世界卫生组织将“养生”定义为，身体、精神和社交方面呈完全良好的状态。

这不仅蕴含远离疾病或者长寿的意思，更强调对疾病的前瞻性防护和对健康生活品质的提高。对于养生的不同形式的利用与研究一直是热门课题，而森林养生是在人类对于森林及其环境的不断认知过程中衍生出来的。

3.1.3　森林养生的基本内涵

1．森林养生的概念及功效

（1）森林养生的概念

森林养生是指充分利用森林环境和林产品，科学地发挥森林保健效果，让参与者根据森林环境及地形，利用五感体验，开展静养、运动及保健教育等项目，必要时通过医疗保健人员的指导，改进参与者的饮食结构，改变不良的生活习惯，从而使其达到预防疾病和增进（维持）身心健康的目的。

林业、旅游和医疗卫生之间的交集称为森林养生（图 3-1）。森林养生是一种国际潮流，在国外被称为“森林医疗”或“森林疗法”。在国内还有“森林康养”“森林疗养”“森林保健”“森林养老”等不同的称谓，其目的与目标及方法与途径都十分相近。据资料分析，森林养生起源于 19 世纪初的德国，流行于美国、日本与韩国等发达国家，森林养生基地在国外被誉为“世界上没有被人类文明所污染与破坏的最后原生态”，也是不用人工医疗手段就可以进行一定自我康复的“天然医院”。

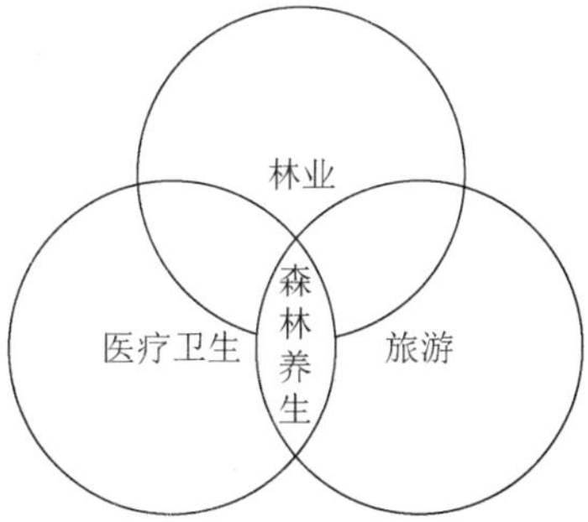

图 3-1　林业、旅游和医疗卫生的关系

（2）森林养生的功效

森林环境与人体疾病的治愈效果（表 3-1），近年被越来越多的学者通过研究所证实，其结果主要体现在心理与生理健康两个方面。在心理健康方面，通过刺激五官感受，可实现降低疲劳、放松心情、调节情绪等功能。在生理健康方面，主要包括：调节中枢神经，减少交感神经活动、增加副交感神经活动；降低血压及脉搏率，预防和减缓高血压等症状；调节激素分泌变化，减缓糖尿病等症状；

杀死病菌，提高人体免疫力；提高 NK 细胞活性，预防癌症的产生和恶化。虽然森林环境对人体健康来说，益处与风险（与森林有关的传染病包括莱姆病、疟疾、蜱媒脑炎等，危险的野生动物，有毒果实等）并存，但若管理有效，风险就会降低。

表 3-1　森林环境与人体疾病的治愈效果

疾病名称	治愈效果	疾病名称	治愈效果
肥胖	○	哮喘	○
高血压	◎	强迫症和焦虑症	◎
糖尿病	○	更年期障碍	◎
高血脂	○	斑块脱发	◎
冠心病、心肌梗死	◎	酒精依赖症	◎
消化性溃疡	◎	惊悸	◎
过敏性肠炎	◎	摄食障碍	◎
慢性阻塞性肺炎	○		

注：“◎”表示治疗效果已证实；“○”表示治疗效果待证实。

2. 森林养生的主要参与者

目前，森林养生的主要参与者是“亚健康人群”或中老年人群，通过设计一些有益于身体和心理健康方面的养生活动，达到消除疲劳、增进身体和心理健康、治疗慢性疾病等目的。随着森林养生的发展，森林养生所涵盖的参与者将包括所有追求健康、快乐生活的人群，他们不是“病人”，又不同于普通的游客，具有较强的养生目的性。因此，对其进行的康复保养不宜在医院或养老院进行，而应根据不同的生理及心理需要进行不同森林养生产品的选择。

3. 森林养生的层次

根据《黄帝内经》对养生三个境界的划分，森林养生可以分为三个层次：第一层次是养身，属于形体保养；第二层次是养气，属于形神共养；第三层次是养心，属于天人合一的最高层次。

（1）森林养身层次

森林养身层次是以森林环境和森林产品为物质基础，以保证形体、体格的健康为主要目的，科学地发挥森林保健效果，内养正气以强身，外避虚邪以防病。

（2）森林养气层次

森林养气层次是以森林自然环境和森林精神文化为依托，达到形神共养的目的。养形与养神是中医倡导的经典养生方法，其中《黄帝内经》的形神合一思想指出，形神兼养，神为主宰，即“形为神之宅，神为形之主”“无形则神无以附，无神则形无以活”。人们走进绿色森林中，远离喧嚣和烦恼，动以壮阳，静以养阴，可保正气调和，精气和神气守持于内，从而达到形体与精神的协调共存。

（3）森林养心层次

森林养心层次以顺应自然、天人合一为主要目的，是指将身体与心灵全部融于森林乃至整个自然界中。“法于阴阳”是指不刻意追求任何方法和技术，主动将自己日常行为和精神情志活动与自然环境和社会环境融为一体。这也符合世界卫生组织提出的健康标准，即健康不仅指没有疾病或病痛，还指一种躯体（生理）上、精神（心理）上和社会（社会适应能力）上的完全良好状态。人类达到森林养心层次，不仅身体健康水平会大幅改善，而且在心理状态、行为模式、价值趋向等方面将得到深层次的提升。

4. 森林养生的特点

（1）功能性

养生包括心理养生、生理养生两个方面。前者强调精神层面的内在休养和平衡祥和的心理状态；后者注重身体上的放松和康复，以及身体机能的维护。森林养生注重参与者的心理和生理健康的双重改善，主张根据人体生命过程的活动规律进行身心护养活动。

（2）文化性

中国的森林养生具有源远流长的文化历史。“养生”一词首见于《吕氏春秋》，其曰：“知生也者，不以害生，养生之谓也。”从我国传统文化角度看，养生是一种处世哲学。实际上，天、地、人三者之间的和谐共生，是我国古代哲学中的重要话题，释、道、儒三家中的一些宗义至理也是以人与自然的关系为主线而展开讨论的。

（3）多样性

森林养生是将我国传统的养生方法、理论，同现代生活中有益于人体健康的多种休闲方式结合起来而形成的。多学科的综合介入，使森林养生既注重养生的功能，也注重养生过程的休闲性、体验性和针对性，形成了多种多样的康复、休闲活动。

5. 森林养生与医学治疗、医疗旅游的区别

（1）森林养生与医学治疗的区别

和医学治疗相比，森林养生更多地体现消费者长期、主动、积极的生活状态，是从不健康或亚健康到最佳健康状态的持续过程。而医学治疗则更加偏重于短期的治疗和康复（表 3-2）。

表 3-2　森林养生与医学治疗的区别

比较项目	森林养生	医学治疗
生活状态	主动	被动
最终效果	茁壮成长	感觉好些
最终目的	维持和改善健康状况	治愈和治疗疾病
主要手段	预防	矫正、治疗
疗养过程	长期、持续	短期、间断
主要责任	个体责任	临床责任
是否独立于生活	融入生活	独立于生活

（2）森林养生与医疗旅游的区别

在很多情况下，森林养生和医疗旅游的概念被替换使用，但医疗旅游和森林养生基本属于两个不同的活动，客源也有很大的区别：森林养生的客源大多数为健康和亚健康状态的人，他们寻求生活方式的改变和最佳健康状态；而医疗旅游的客源大多数为患有不同程度疾病的人，他们寻求治疗。

但森林养生和医疗旅游的界限并没有那么清晰，甚至在某些项目和疗法上有很多重叠的部分：一方面，传统医学开始接受预防性疗法和替代疗法；另一方面，养生的很多方式必须依靠医疗设备进行。因此，很多项目，如温泉浴、DNA 测试、中医草药调养等，既可以是预防性的，也可以是治疗性的（表 3-3）。

表 3-3　森林养生与医疗旅游的区别

比较项目	森林养生	医疗旅游
旅行的目的	保持、管理和改进健康及生活状态	得到疾病的诊断或改善
旅行的需求	获得健康的生活方式、预防疾病、释放压力、管理生活习惯	低成本、高质量；便捷；无法在家中得到满足
旅行中的活动	积极、主动、自发、非侵入式、非医疗型	疾病医疗、入侵式、医生监护、被动式

3.2　森林养生的发展历史

3.2.1　世界森林养生的发展历史

1. 第一阶段：1980 年以前以德国为代表的雏形期

德国是世界上最早开始森林养生实践的国家，是森林养生的起源地。早在 19 世纪 40 年代，德国就在巴特·威利斯赫恩镇创立了世界上第一个森林浴基地，形成了最初的森林疗养概念，并先后建立了 350 处森林疗养基地；美国则侧重开展森林环境、社会、生理和心理健康功能的研究，并且森林养生已经融入国民生活。美国的国民人均收入的 1/8 用于森林养生，其森林养生产业年接待游客达 20 多亿人次。

2. 第二阶段：1980 ~ 2000 年以日本和韩国为代表的发展期

日本林野厅于 1982 年首次提出将森林浴纳入健康的生活方式，并在日本西北部的长野县举行了第一次森林浴大会。1983 年，日本林野厅又发起了“入森林、浴精气、锻炼身心”的建设活动。韩国于 1982 年提出建设自然疗养林，1988 年确定了四个自然养生林建设基地，1995 年将森林解说引入自然养生林，启动森林利用与人体健康效应的研究。

3. 第三阶段：2000 年以后，全世界蓬勃发展期

随着收入水平的日益提高及可自由支配时间的日益增多，人们开始对生活品质投入更多的关注。近年来，环境污染、老龄化、亚健康等问题的加剧（图 3-2），更迫使消费者寻求更健康的生活方式，并通过积极的药物治疗、营养补给、减重、水疗、健身、美容等活动来保持健康。

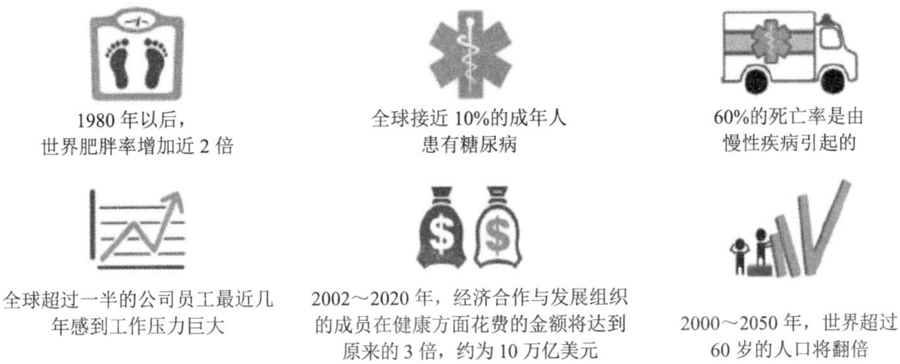

图 3-2　现代社会森林养生的发展背景

进入 21 世纪，世界各国纷纷开始认识到森林所带来的健康养生效益。2004～2008 年，欧盟发起了森林、林木及人类健康与福祉的研究，旨在增加自然环境对欧洲居民健康和福祉贡献，并进一步了解森林、林木与人体健康的关系。2010 年，芬兰启动了康复森林步道活动，并在欧盟国家，特别是波罗的海国家得到了拓展。韩国营建了 158 处自然休养林、173 处森林浴场，修建了 4 处森林疗养基地和 1 148 千米林道，有较为完善的森林疗养基地标准和森林疗养服务人员资格认证、培训体系。

3.2.2 中国森林养生的发展历史

“养生”一词对于中国人来说再熟悉不过。早在公元前3000年，中医和印度阿育吠陀医学共同奠定了世界养生体系的基础。从传统文化角度看，养生是一种处世哲学，是天、地、人三者之间的和谐共生，这种文化传统延续至今，在自然疗法与园艺疗法的研究与实践方面有较多的医学实验，为森林养生研究提供了重要的理论与技术基础。

中医认为，养生即养护生命，即尊重生命自身的发展规律，通过各种方法、方式进行养护身体、颐养精神、增进智慧、延长寿命等，进而达到身、心、灵全方位健康的过程。这是国际上最早提出的身、心、灵全方位养生的概念。我国养生文化源远流长，早在几千年前，养生文化便呈现出“百家争鸣”的特点，如《周易》的阴阳学说、《洪范》的五行学说、《庄子》的精气学说等，而这些养生文化的基础，很大一部分是广袤的森林。和西医的侵入式治疗不同，中医更强调整体性和预防性，也更符合国际通用的“养生”的概念。直到今天，中药材及针灸、气功、太极拳等理疗手法仍在普遍使用，并逐渐成为很多国家重要的养生方法之一，甚至西医也开始逐渐接受和采纳。

中国古人早就有到避暑胜地或温泉地区疗养度假的习惯。在避暑养生最盛行的唐代，除了宫廷专属的避暑山庄外，许多达官显贵也建立了私家避暑之所；而温泉养生早在秦汉时便极为普遍，当时的温泉旅游地的建设已具有一定规模。例如，河南汝州温泉：“泉上华宇连荫，茨甍交拒，方池石沼，错落其间。”安徽和州（今和县）香淋泉在宋代就开始营建，“宋元祐年间，知州王大过甃汤池，建龙祠，又为浴院”，后香淋泉经过多次修建，成为当时众多游人游览养生之地。除此之外，我国古人还有很多祈福还愿、修身养性的养生旅游活动。

我国现代森林养生则仍处于发展的初级阶段，大多沿用了古时养生旅游的方式，融入了现代人的基本养生诉求。我国目前比较流行的森林养生项目包括森林浴、雾浴、日光浴、温泉浴、食疗、民俗养生等，人们在森林养生中的诉求也比较宽泛，既包括延年益寿、强身健体、康复理疗、修复保健，也包括观光、修身养性、生活方式体验及养生文化体验，另外，随着人们对精神世界的不断追求，很多以禅修等活动为特色的森林形式也在不断兴起。

3.2.3 中国森林养生的发展现状

20世纪80年代起，我国开展以森林观光为主要形式的旅游，这为森林养生发展奠定了一定的基础和条件。中国一些地方开始规划建立了森林浴场，以满足日益增长的保健需求，但整体规模小，模式单一，产生的影响有限。2016年，北京启动了“森林疗养基地”建设，黑龙江等地开展了“森林医院”建设活动。下面列举几个我国现阶段森林养生建设项目来说明中国森林养生的发展现状。

1. 黑龙江日月峡森林公园

黑龙江日月峡是一处集现代化养生、科研、健身于一体的森林公园。公园四季分明的气候特点造就了各有特色的四时景观：春天的雪中花、夏季的清凉地、秋日的五花山色、隆冬的冰雪王国。依此可开展春游、夏漂、秋赏山色、冬嬉冰雪的四季旅游养生活动。丰富的传统文化神韵赋予森林生态养生以活力。森林营地错落有致：度假村三面环林、一面靠山，绿树掩映、依山傍水；50 座山林别墅被连绵起伏的坡地和原始森林环抱，高低错落，自然隔断成不均匀的独立营地，构成一道亮丽的风景线。

2. 广东鼎湖山品氧谷

广东鼎湖山品氧谷位于广东省肇庆市，是中国第一个自然保护区，中国首批“联合国人与生物圈保护网”之一。鼎湖山山高林密，云崖飞瀑，溪水长流，景色极幽。广东鼎湖山品氧谷的负离子含量最高可达 10 万个/厘米^3，置身其中，不但能洗去一身的疲累，还能洗尽繁闹都市的污烟浊气，森林中的植物精气还有杀菌的作用。广东鼎湖山品氧谷全长约 2.1 千米，分为健康柔道、品氧居草寮、眼绿亭、静养场。

3. 中国森林养生城古剑山

中国森林养生城古剑山位于綦江西北部，距重庆主城 1 小时车程。古剑山森林覆盖率达 85%以上，是重庆的“绿色心肺”和“天然氧吧”，负离子含量居全市之首。古剑山内有绮丽的山水自然风光；有原生态艺术（版画）村等人文景点；有包括自行车、跑马和滑草等多种运动项目的生态运动公园，驴友天堂——长田山自驾车营地等运动设施；有綦江会馆等高品质的养生度假接待设施。

4. 湖南大围山国家森林公园

大围山国家森林公园位于湖南省浏阳市东北部，素有“长寿之山”“绿色之山”“神奇之山”之称，是华中大三角周边重要的森林生态景区。大围山国家森林公园推出“四季五行九养”的养生模式。由自然界的五行元素金、木、水、火、土，折射到四季（五行学说里的五时，即春、夏、长夏、秋、冬），再按照四季的物候特征来命名五个养生山寨。每个养生山寨按照五行学说来设置，通过五行水疗（SPA）、五行膳食、五行音乐等方法，将五行元素折射到五色、五音、五味、五气，再折射到人身体的五脏、五官、五情等各方面；大围山国家森林公园的九养模式，即通过药浴、膳食、运动、宗教、功法、音乐、书画、民俗、度假九种手段，实现调养身心的目的，实现真正的天人合一的养生境界。

5. 北京西山森林浴场

北京近郊型森林疗养基地——西山森林浴场建有三条健康步道，即短线、中线、长线，分别推出综合游乐型、自然闲趣型和远山拓展型森林养生项目。游客进行一整天的森林浴活动，可起到放松和缓解压力、改善睡眠和城市病、改善人体内分泌的森林养生功效。

现阶段，对于森林养生来说，我国偏向于对森林旅游休憩规划建设与技术支持方面的研究，规划建立了森林浴场，以满足人们日益增长的保健需求，以及负离子、植物精气和森林浴中的生理与心理效应的研究，并总结了包括环境疗法、温泉疗法、饮食疗法、文化疗法和医学疗法在内的森林养生疗法。但缺乏整体森林环境对于人类健康效应的深入系统研究。

第 4 章　国外森林养生的发展案例

4.1　德国森林养生案例

德国的可持续林业已经有 200 年的历史，为世界林业探索出了一条可资借鉴的发展之路。可持续性的含义不仅包含经济的可持续性，也包含社会及环境意义上的可持续性。德国虽然是一个工业化水平很高和人口稠密的国家，却仍保持有 1/3 国土面积的森林覆盖率。目前，德国的森林每公顷蓄积量超过了 300 立方米，是世界平均水平的 2.5 倍，是我国平均水平（87 米^3/公顷）的 3 倍以上。德国林业同时支持了 200 万个以上的林业企业，并持续地保持了森林的高蓄积量和高生长量，同时保持了与自然生态、社会和环境多种要求的高度协调，值得我们研究和借鉴。

4.1.1　德国森林多功能利用的实践

以培育和利用多功能森林为目标、以近自然经营的理论和技术为手段的森林经营模式，是德国社会不懈探索的结果。德国是一个人口稠密、经济发展对生态支撑基础压力大、文化发展对自然环境要求高的国度，所以森林经营必须定位在多功能的目标上。在德国，森林的主要功能有供给功能、调节功能、文化功能和支持功能。多功能林业的目标就是在相同的时间和空间上发挥森林的这些效用。

下面从国家、区域、单位三个层面介绍德国的森林多功能实践。

1. 国家层面：促进多功能近自然林业

在森林法确定的多功能可持续森林经营目标下，从 20 世纪 80 年代开始，国家层面的工作主要可总结为森林健康状态监测、评价和林业政策调整工作、进入近自然林业时代的林业理论技术转型实践和总结工作、未来导向的国家林业转型基础研究计划。

虽然德国在林业理论和技术体系发展上表现出多元并存的文化特征，但在核心概念和表述方法上，德国不同机构和学者认为林业的“多功能”和“可持续”是基本要求。与改进的概念体系相对应的是对实用技术及理论著作的鼓励和支持。值得介绍的实用技术书籍有《现代林业》《今日林业》《基于立地自然空间和生态原理的林业》等，这些书将深入的理论思想与可靠的作业技术结合，同时包含了从树种分布、选择到木材市场和经济法规的林业完整时间过程及所有技术要素。

促进林业向多功能近自然化转型发展的国家层面的工作主要表现在国家投入和组织的大量生态林学基础和应用基础科研项目。这些研究项目主要针对森林近自然化改造的科学原理和生态基础及林业经济和政策等开展。例如，由德国联邦教育和研究部于 1998～2003 年执行的未来导向的林业研究项目被认为是国家环境研究计划中最有意义的项目，其目标是实现森林近自然化转型改造的基础理论、技术体系和政策机制等问题的系统化研究，以支持全国多功能林业健康发展。

2. 区域层面：下萨克森州的长期生态林业发展计划

下萨克森州位于德国中部，森林面积为 102.2 万公顷，占该州总面积的 23%，其中州有（公有）森林面积为 32 万公顷，占该州森林面积的 31%。其长期生态林业发展的“雄狮计划”，包括了区域近自然森林经理计划的基本原则和目标、森林经营区划、树种选择、森林发展类型设计和不同区域层次的近自然经营计划等主要内容。“雄狮计划”中的区域近自然森林经理计划可以从时间和空间两个维度来表述，时间维度上主要是对不同森林类型演替和更新的分析和估计，空间维度上主要是对本州可能的森林发展类型的空间布局分类。

“雄狮计划”涉及森林资源经营管理三大基本原则，即共同利用原则、可持续利用原则和经济可行利用原则。在三大基本原则的指导下，下萨克森州林业局与相关的科研机构及基层部门计划将可持续林业发展的总体目标分解为以下多功能生态林业的 13 个子目标：保护土壤并适地适树地选择树种原则、增加阔叶林和混交林原则、天然更新优先原则、促进森林生态健康发展原则、改进森林结构原则、目标树设置和目标直径利用原则、保护古树并保护濒危动植物原则、逐步建设森林保护区网络原则、保证森林特殊功能发挥原则、保护和抚育林缘绿带原则、用生态方法治理病虫害原则、在生态系统的缓冲能力内开发利用野生动物和非木材产品原则、在生态允许的范围内应用林业机械和其他林业技术作业方式原则。

区划的目标是区分地域与环境之间的差别而决定各个区域的森林发展类型。第一层次根据区域近自然森林经理计划把全州划分为 8 个森林经营区，第二层次在经营区内划分若干森林生长区。因为本次经营区内区分森林生长区主要是为生态林业转型服务的，更多地考虑了由于立地生境的差异导致的环境生态特征、森林功能（如森林的水土保持功能）、森林经营方针和经营技术的差异，所以比上一次森林经营区划多了四个生长区。参考这个区划结果并结合营林区“立地及与之相适应的森林发展类型”图表与立地类型图或群落生境图，即可进行每块林地的树种选择和培育计划设计工作。

合适的树种选择是区域近自然森林经理计划的核心内容之一，进行树种分析的重要生态标准是，有利于土壤保护和腐殖质保护，以保持立地生产力、保持生物多样性、保护少数阔叶林及其在中度至弱势营养物质森林立地上生存的所有生物群体，林木接近天然森林群落。执行树种分析的重要的经济标准是，使每个树种均具有较强的稳定性和产品收获能力，自然发生发展过程的充分利用和尽可能降低灾害风险。长期生态森林发展计划在这些原则指导下对全州所有森林树种做了分析。“雄狮计划”中对下萨克森州的重点树种和优势树种（如山毛榉）进行了分析和经营。

山毛榉是下萨克森州的乡土优势树种，对立地有较宽的适应性，从贫瘠到中度土壤营养的立地都适合栽培。依据目前的长期生态林业发展计划，山毛榉的经营面积比例还将有明显的增长，尤其在低海拔地段更是如此，以确保其作为主要天然森林群落中的优势树种在整个生长区内大面积生长并在林分中占有较高的比例。以山毛榉为主导树种的森林发展类型应设计在土壤养分指数在 3＋以上的立地，而在极端的立地条件下不应该培育山毛榉林分，如水分过剩的水渍地或高山区立地等。

“雄狮计划”在区域近自然森林经营理论和技术的指导下，2006 年林分建立成本比 1991 年减少 69%，森林抚育成本比 1991 年减少 60%，森林保护成本比 1991 年减少 67%。下萨克森州“雄狮计划”的核心思想是促进具有物种多样性和稳定特征的混交林扩大和发展。这对于应对全球气候变化问题是有特殊意义的。为社会和全球的稳定及未来良性发展做出了实际贡献。

3. 单位层面：施道芬堡林业局的成功经验

施道芬堡林业局坐落在德国下萨克森州哈尔茨山脉的西南山麓地带，分为六个林管作业区，包括 1 711 公顷州有林和 3 725 公顷集体所有的承管林（分属 39 个合作社、两个城市和两个教堂），1950 年开始在 Landteil 作业级的林管作业区开展自然经营，其森林的自然状况与经营作业区别于其他州有林。1967 年近自然经营的范围扩大到 Gandersheim 作业级的 406 公顷林地，共计包括 911 公顷的森林面积。

近自然森林经营的总目标是培育由适地树种组成的、结构多样而蓄积丰富的、能长期稳定的混交异龄林。由于林区的立地条件相当均一，目标就是根据基岩类型设计以下两种目标示范林：在石灰基岩上培育阔叶混交林，山毛榉和珍贵阔叶树种各占一半面积；黄土覆盖层较厚时，加 10%以下的针叶混交（落叶松、云杉）；在斑砂岩土壤上（包括有黄土覆盖层的）培育针阔混交林，针叶（包括云杉、花旗松、银枞和落叶松）和阔叶（包括山毛榉、栎、山槭和桤木）各占一半面积。

被迫开展大范围人工造林的原因是原先的纯林比例大，且相当多的林分林况不佳，需要在林下补植能天然更新且促进林分混交的树种。这是人工林改造中采用的比较广泛的措施。补植造林主要发生在以下情况：在蓄积量抚育和目标直径利用后形成的空地，特别是在山毛榉老龄林里，开展群状、丛状林阴下更新促进作业。为适应小立地变化，需要相应地改变选用树种和树种混合搭配。对早期反复遭到破坏的幼龄云杉林分，同样可以采取补植措施，努力将其改造为与立地相适应的混交林。特别是对在斑砂岩上的人工林，常常只有通过林下人工促进更新的方式才能改造为与立地适应的混交林。在由于大面积风暴毁坏的人工林形成的空旷迹地上也要人工营造新林。此外，还存在有计划地对云杉纯林开展皆伐而腾出的大面积采伐迹地，这些空地为阔叶树种造林提供了机会。

总体上看，自实施近自然林业以来，森林已发生了显著变化，并在以下方面获得改善：物种、生物群落和结构等的多样性增加；森林生态系统的稳定性与活力提高；林分的天然更新能力提高；自然物质增多，且可利用性增加；经济效益提高；森林各方面效益持续提高；森林景观优美与游憩价值提高。在更长的时间内，近自然化改造将使森林达到更为理想的状态。

4.1.2 德国森林养生地①

1. 巴特·威利斯赫恩养生小镇

对森林保健养生功能的利用源自德国1840年为治疗“都市病”创造的气候疗法。德国有350处森林疗法基地，公民到森林公园的花费已被纳入国家公费医疗范畴。1855年，赛帕斯坦·库乃普医师倡导利用水和森林的“自然健康疗法”。他选择了德国一个叫巴特·威利斯赫恩的小镇作为实验场所。

库氏疗法的基本项目包括调和疗法、食物疗法、植物疗法和运动疗法。随着疗养效果的显著及到访人数的增多，镇上随之建立了数十家专门为疗养者开设的旅馆。旅馆中配有精通库氏疗法的医师，疗养者按照医生的指导专心疗养。整个小镇慢慢变成一个森林疗养地，那里环境宜人，各种设施齐全。在围绕城镇的森林中，散步道纵横交错，道路两旁设置有进行上肢和下肢浴的水槽，水槽旁立有进行水浴的详细指示牌。在镇周围设有网球场、高尔夫球场所、游泳池等。镇上还有日常用品商店、饭馆等。如果翻阅菜单，还会发现专门为糖尿病、痛风患者等设计的食谱。镇上常举行音乐会，并欢迎疗养者前去观赏。疗养者大多来自喧闹的城市，当他们置身于这郁郁葱葱的休养地时，如同到了世外桃源，对恢复身心健康十分有益。

① 原国家林业局森林旅游工作领导小组办公室《世界森林养生发展调研报告》。

2. 拜尔斯布龙林区

拜尔斯布龙林区位于德国西南巴符州山区的黑森林之间，金齐希峡谷沿途的深山湖泊、幽谷水坝、原始景观、高架渡桥深深地吸引着人们。以浓重的冷杉树为主的拜尔斯布龙林区占地 1.6 万公顷，是德国最大的林场（图 4-1）。该区域四季皆适宜造访。春天，造访者可以感受到万物回春的生命力；夏季，造访者可以感受远足、洗温泉、玩水、骑行的乐趣；秋天，造访者可以尝到新酿制的葡萄酒、成熟的水果与核果；冬天，造访者可以在皑皑的白色世界滑雪、散步。浓密的树林、湿润的空气、一流的疗养设施，使拜尔斯布龙林区成为德国最大的休养中心。

图 4-1　拜尔斯布龙林区的养生设施

4.2　美国森林养生地

美国是较早开始发展养生旅游的国家之一。美国的森林面积有 2 946 亿公顷，占国土面积的 32%。其中，28%的森林为国有林，森林养生度假是森林旅游的重要形式。

1. 美国太阳河度假区

美国太阳河度假区（图 4-2）被誉为美国前十大家庭旅游度假区，占地面积为 13.4 平方千米，三面环林，拥有如茵的草地和美丽的松树林，是不同年龄的度假游客、户外运动爱好者的养生天堂。美国太阳河度假村提供了创新、变化的配套服务，是人们深度体验运动的空间养生场所，成为世界各地发展养生度假基地学习借鉴的标杆项目。其体系构建主要分为“旅”体系、“居”体系、“节”体系、

“业”体系，通过旅游项目、居住物业、节事活动、产业业态等形成完整的养生度假功能，各功能板块之间互补，构建了与城市差异化的环境。

图 4-2　美国太阳河度假村

2. 迪修特斯国家森林公园

从熔岩床和高耸的雪山到广阔的森林和湍急的河流，迪修特斯国家森林公园（图 4-3）和周围的荒野地区是户外运动爱好者释放自我的地方，是骑山地自行车、远足、骑马的好去处。迪修特斯国家森林公园有世界一流的单板滑雪、越野滑雪、狗拉雪橇、雪地摩托、雪鞋健行等项目；另外，还有泛舟、攀岩、飞蝇钓、旋转钓、洞穴游、火山游等活动，大部分户外活动可以在这里进行。

图 4-3　迪修特斯国家森林公园

4.3　欧美其他国家的森林养生地

阿尔卑斯山景色十分迷人，贯穿法国、瑞士、德国、意大利、奥地利和斯洛文尼亚六个国家，是世界著名的高山风景区和山地养生旅游胜地，被世人称为“大自然的宫殿”“冰雪运动的圣地”“高山疗养的乐园”。阿尔卑斯山脉是欧洲最高大、最雄伟的山脉，平均海拔达到 3 000 米左右。据研究，海拔 1 500 米以上的高山或高原，气候凉爽，能使人体阳气内敛，耗散较少，生物钟节律变缓；高山环境幽静，能使人的情绪稳定，气血和畅；高山空气清新，阳光充足，湿度恰当，适合疗养度假。在高山兴建疗养院已成为许多国家的一种时尚。高山养生尤其适合慢性病患者，特别是患有呼吸系统、神经系统及过敏性疾病的人。

阿尔卑斯的高山养生根据其独特的环境和地域特征，融合山地运动、瑜伽养生、森林养生和温泉养生，形成一种复合型养生模式：以高山小镇高端度假设施为依托，开创运动类、温泉类、疗养类等多种休闲养生型旅游产品，衍生出高山滑雪、山地自驾、徒步远足、山地越野、马术训练、森林雾浴、高山瑜伽等众多类型的养生项目。

欧洲著名疗养胜地达沃斯小镇（图 4-4）以空气清新闻名，是瑞士经典火车路线——冰川快车必经的一站，拥有世界第一条高山雪橇道、第一条高山滑雪索道、第一个高山高尔夫球场，以及欧洲最大的高山滑雪场、欧洲最大的天然冰场，是世界十大滑雪胜地之一。

图 4-4　阿尔卑斯山养生胜地

世界经济论坛总部所在地达沃斯小镇拥有众多头衔：世界知名的温泉、会议、运动度假胜地，国际冬季运动中心之一，世界锦标赛（涉及花样滑冰、速度滑冰、冰球、滑雪、阿尔卑斯滑雪、跨国滑雪等项目）举办地，显示出其国际化水准的高端配套实力。

4.4 印度阿南达喜马拉雅山度假村

阿南达喜马拉雅山度假村位于喜马拉雅山丘陵地带，以奢华的森林温泉疗养著名。附近是蜿蜒的印度母亲河恒河和瑜伽诞生地里希盖什。该度假村专注于印度传统阿育吠陀医学疗养，用精油和食物使身体达到健康平衡状态。此外，每天室外阁楼或舞厅里还会提供瑜伽课和冥想课。

4.5 日本森林疗法基地

2004 年，日本成立森林疗法学会，正式开始森林环境及人类健康相关的研究。2004～2006 年，日本发起研究项目，从医学上证明了森林对人体疾病的治疗效果。2007 年，日本森林医学研究会成立，首次使用了“forest medicine”（森林医学）的说法，进一步丰富了森林养生的内涵。日本是世界上拥有最先进、最科学的森林养生功效测定技术的国家。

日本建立了世界上第一个森林疗法基地认证体系，截至 2017 年，全国共认证了 62 处三种类型的森林疗法基地。在森林讲解员、治疗师培训与资格认证方面有严格的标准和制度，现有 1 000 个有资质的从业人员。

日本森林疗法基地认证体系具有非常完善的系统，其所涉及的标准与指标具有国际先进性与科学性。自 2005 年起，以森林浴场为主，日本进行全国森林疗法基地建设规划，每年近 8 亿人次到基地进行森林浴，森林疗养产业得到迅速发展。

日本森林疗法基地认证体系主要包括以下几个评价标准：通过科学试验评价森林环境改善人体生理和心理保健功能水平；评价森林环境利用设施水平；评价森林环境及配套设施水平；为地方政府创造经济效益、森林植被恢复状况评价等标准。

1. 奥多摩森林疗法基地

奥多摩森林疗法基地被称为“被巨树抚慰的森林”，拥有数量众多的游憩步道及登山路径，基地内可提供五种养生方案，包括日本最初设计的湖畔水径（图4-5）、芳香小径（图 4-6）、历史古道、瀑布密道及溪涧幽径。既有 1.3 千米适宜于短途散步的短道，又有 12 千米的专业步道，可满足不同人群保健养生需求，可为疗养者提供体检、心理医疗、温泉入浴指导、健康饮食咨询等各项养生保健服务。

图 4-5　湖畔水径

图 4-6　芳香小径

2. 吉野町森林疗法基地

吉野町森林疗法基地以安抚五感的美林与历史著称。从古代开始，位于奈良县的吉野町森林疗法基地作为神仙到人间修养的圣地被人所尊敬。拥有超过 400 年历史的原始森林，至今仍可饱览其风姿。在具有悠久历史的自然环境中，人们开展漫步、游憩、吐纳等养生保健活动的同时，开放五感、减轻精神压力、增进身心健康。

吉野町森林疗法基地的的主要项目有养生指导、森林浴、吐纳方法、健康指导等服务，其中著名的有两大主题：①可感触到神仙修行的神仙峡。其位于神仙峡龙门故里，交通等基础设施完备，山路高低差较小，步行容易。②探秘日本飞鸟及奈良时代。其位于吉野、宫滝、万葉，人们到此朝拜，山路崎岖，是步行较难的登山道。

3. 雾岛森林疗法基地

神仙的步道位于韩国岳、高千穗峰等海拔 1 000 米的雾岛群峰西侧的雾岛高原。雾岛森林疗法基地有三种养生项目，八处天然温泉。人们在悠闲散步后，即可享受温泉浴，解乏保健。在感受树木的清香、洁净的空气、优美的风景的同时，温泉、饱含负离子的瀑布、悠久历史的文化、健康的食材、舒缓的音乐等众多养生项目，可促进游客的身心健康。雾岛森林疗法基地主要有以下养生保健项目。

1）柳柳平散步路（图 4-7），是以阔叶树为主的视线良好、较为平坦的慢跑路径，海拔为 500 米左右，有长度为 2.5 千米的环形路径。

图 4-7 柳柳平散步路

2）手洗散步路（图 4-8），是观赏物候景观的最佳路径，沿途可观赏到溪流与瀑布，海拔在 650 米左右，有长度为 900 米的路径。

图 4-8 手洗散步路

3）丸尾自然探胜路（图 4-9），石阶路径，沿途可观赏到树龄在 200 年以上的古树，以及野生的鹿、珍稀的蝴蝶与野鸟，海拔在 660 米左右，有长度为 2.3 千米的路径。

图 4-9 丸尾自然探胜路

4.6 韩国的森林养生地

2005 年，韩国制定了《森林文化休养法》，成立了国立自然休养林管理所，设立名为“森林疗法论坛”的跨学科研究小组。自 2008 年起，韩国森林服务局一直致力于人类健康森林的推动工作，鼓励营造人类健康森林。近年来，韩国又提出了“森林福祉”的概念，对其社会需求、政策方向开展系统研究。

韩国营建了 158 处自然休养林、173 处森林浴场，修建了四处森林疗养基地和 1 148 千米林道；建立了较为完善的森林疗养基地标准体系和完善的森林讲解员及理疗师、森林疗养服务人员资格认证、培训体系。

1. 韩国江原道

韩国江原道是最热衷推行养生旅游的地方，位于朝鲜半岛中部东侧的一片山地，东靠大海，西邻首尔。江原道四季分明，风景优美，是旅游者的休闲养生胜地。游客除了沿健康步道（图 4-10）边走边欣赏风景之外，还可以租用当地景区提供的脚踏车游览。这种车子的安全系数很高，而且有助于人们强健体魄。游客可以骑着自行车，沿着长达 7.2 千米的自行车道，越过清澈的松川、穿过清爽的山林、迎着山上吹来的微风、呼吸林间清新的空气，感受惬意的养生之旅。江原道为游客提供了各式养生美食，如肉质鲜美的鳟鱼、富含大量维生素 A 的野生珍贵山野菜（如山紫菀等）。

图 4-10　江原道健康步道

2. 韩国大关岭

大关岭自然休养林是韩国有名的松树养生林之一。据韩国旅游发展局的数据，在此天然林保护区，松树大部分高达 17 米，树胸径可达 36 厘米左右。该林区溪水清澈，草坪茸茸，住宿等旅游设施完善，是享受森林浴的胜地。大关岭自然休养林区每年 5～10 月开办山林学校，向游客介绍山林文化或生态保育知识。图 4-11 为大关岭休闲牧场。

图 4-11 大关岭休闲牧场

4.7 新西兰森林养生地

新西兰有 14 座国家森林公园，有 4 座在新西兰北岛，9 座位于新西兰南岛，还有 1 座在最南端的离岛斯图尔特岛上，从南到北密布在这个狭长的国度之上。新西兰的国家森林公园是对公众免费开放的，但是为了优美的自然风光能够留给子孙后代，新西兰制定了相关的法案，允许新西兰环境保护部在国家森林公园适当的地点提供木屋住宿、露营地、停车场、道路和园区内的步行道，以方便人们游览。除了环境保护部的管辖设备外，一些公益团体和私人经营的公司也可以针对国家森林公园的景点来开展收费的游览服务。

对全世界的游客来说，新西兰的森林是天堂。14 座国家森林公园囊括了各种类型的树木，形成了不同景观的森林，地形从冰川、火山、峡谷、湿地到森林等品目多样，野生动物众多，生物多样性极其丰富。而公园内部则为游客设计了品目繁多的度假养生休闲项目，春季在峡湾呼吸湖水和绿树带来的清新空气，夏季在森林徒步步道漫步（图 4-12），秋季坐上直升机飞跃森林上空去捕猎，冬季在针叶林间滑雪穿梭。

图 4-12　新西兰森林幽径

新西兰的森林养生更多的是让人们处于户外的一个动态的过程中去冒险、去经历，让休养生息变得有趣和难忘，以此吸引人们前来度假和游玩。

第5章　我国发展森林养生的意义及优势

5.1　森林的功能与意义

随着经济和科技的发展，我国的林业建设进入快速发展时期，在生态效益、社会效益和经济效益方面都取得了巨大成就。但与林业发达国家相比，我国林业在自身质量和功能及满足社会经济对林业功能的多样化需求方面还有较大的差距。对森林资源进行包括森林养生在内的多功能开发利用，落实科学发展观，能够实现林业又好又快发展和全面协调可持续发展的国家战略。

5.1.1　森林利用的功能

1. 提供良好的生态游憩场所

随着现代城市环境的不断恶化，人们对森林良好的生态环境更加向往，回归自然的活动越来越多。对森林进行多功能利用能够丰富森林树种，提高森林覆盖率和每公顷蓄积量，为人类提供良好的生态环境，维护生态平衡。优良的生态环境不仅能形成一个城市的环境优势，也能形成一个城市的民生优势和民生资本，满足人们对良好生存环境的需求。

2. 提供就业岗位和增加收入

我国人口压力巨大，尤其是人多地少导致农民增收、就业难度很大。就业容量不足将是长期困扰我国社会发展与稳定的大问题。我国山区面积占国土总面积的69%，山区人口占全国总人口的56%，森林是农民生产生活的重要依靠。对森林进行多功能利用可促进农民工返乡就业和提高农民收入，有效缓解“三农”（农村、农业、农民）、“三林”（林区、林农、林业）问题，维护社会稳定。

3. 提供文化教育和科普教育

在满足人们精神文化和自然知识需求方面，林业作用独特。古人云：“宁可食无肉，不可居无竹。”这充分反映了森林在人们精神生活中的特殊作用。森林文化历久而弥新，具有传统文化和现代文化的品格与特征，显示出独特的魅力和强大的生命力。当前，人们对森林文化更加渴望、更加追求，对森林文化产品的需求更加多样、更加迫切。因此，大力弘扬森林文化，安排丰富多彩的森林文化产品，可以收到教育人、熏陶人、感染人、影响人的良好效果。

5.1.2 森林利用的意义

1. 树立人与自然和谐相处的文化价值观

对森林进行多功能利用，能够为人们提供良好的活动场所，建设繁荣的生态文化体系，使人们能够走进森林、亲近森林、拥抱森林，进而认识自然，唤起人们的绿色意识。体悟自然是人类生命的依托，培养热爱自然、尊重生命、人与自然和谐相处的文化价值观可以为生态文明建设提供文化支撑。

2. 形成资源节约和环境保护的生产价值观

党的十八大报告指出:“坚持节约资源和保护环境的基本国策,坚持节约优先、保护优先、自然恢复为主的方针，着力推进绿色发展、循环发展、低碳发展，形成节约资源和保护环境的空间格局、产业结构、生产方式、生活方式，从源头上扭转生态环境恶化趋势，为人民创造良好生产生活环境，为全球生态安全作出贡献。”党的十九大报告又指出：“建设生态文明是中华民族永续发展的千年大计。必须树立和践行绿水青山就是金山银山的理念，坚持节约资源和保护环境的基本国策，像对待生命一样对待生态环境，统筹山水林田湖草系统治理，实行最严格的生态环境保护制度，形成绿色发展方式和生活方式，坚定走生产发展、生活富裕、生态良好的文明发展道路，建设美丽中国，为人民创造良好生产生活环境，为全球生态安全作出贡献。”近年来，我国经济持续高速增长，为人们提供了丰富的物质文化生活产品，但环境污染、生态破坏、资源短缺等问题也日益严重。社会发展要金山银山，也要绿水青山。对森林进行多功能利用倡导低耗能生产、环境保护、资源节约，是生态文明建设的重要举措，对生态安全具有重要意义。

3. 培养生态环保绿色的消费价值观

追求物质享受，大规模生产、大规模消费、大规模抛弃的不文明消费观，对环境和资源造成了很大的压力。对森林进行多功能利用，建设发达的林业产业体系，能够满足全社会对自然、绿色、可再生、可降解的林产品的旺盛需求，有利于在全社会形成与生态保护相适应的绿色消费、文明消费价值观。

5.1.3 森林多功能利用能够保障我国林业可持续发展

1. 促进公益林业发展，完善森林生态效益补偿机制

对森林进行多功能利用，有利于发挥森林的多种效益，有利于贯彻国家级公

益林管理应遵循的“生态优先、严格保护、分级管理、科学经营、合理利用”原则。对森林进行多功能利用可以解决经济效益弥补生态补偿较低的问题，还可以探索按生态功能和经济代价定量确定补偿标准等生态效益补偿机制和补偿基金管理模式。

2. 改进现有的森林经营管理方式

我国经营管理现有的森林有公益林和商品林两类。对于公益林，现有的森林经营管理方式下对木材采伐利用的限制导致林分的质量比较低，生态功能不强；对于商品林，现有的森林经营管理方式下树种过于单一，虽然有经济功能，但生态功能很弱。只有改进现有的森林经营管理方式，对森林进行多功能利用和管理，才能实现对森林利用和保护的统一，才能提高森林建设的质量和效益，森林才能获得长足的发展。

3. 提供高质高量的森林产品

森林具有多种生产功能，能提供木材、果品、油料、化工原料、药材、食品等多种产品。随着我国社会经济的快速发展，人们对林产品的数量和质量都提出了较高的要求。对森林的多种生产功能进行充分挖掘和合理利用，可以预防粮食和能源危机，保障和丰富林产品供给，提高人民的生活质量，挖掘森林巨大的生产潜力。

5.1.4 森林多功能利用案例

为加大生态保护建设力度，加快培育主导产业和繁荣生态文化，充分发挥林业生态、经济、社会、碳汇及文化五大功能，更好地推进浙江省森林多功能经营和生态文明建设，2012 年 6 月 6 日上午，浙江省林学会林业经济专业委员会在东阳横店举办森林多功能经营与生态文明建设学术研讨会。会议主要围绕若干前沿性的碳汇林业、林权制度改革、现代林业发展与生态文明建设、气候变化与森林碳汇、森林抚育、生态公益林补偿、森林经营管理、森林旅游、集体林权配套改革等问题进行了研讨。

1. 应对气候变化、发展碳汇林业

随着工业减排技术极限和经济发展挑战的来临，各国在应对气候变化方面纷纷转向挖掘林业碳汇的潜力。造林增碳是有效且可持续的减排方式。浙江林业在应对气候变化中采取各种行动，出现了温州模式、鄞州模式、临安模式等，共同推动着浙江林业碳汇发展的进程。以公益化引导市场机制，全社会共同参与是浙江林业碳汇的发展目标。

温州是全国第一个建立碳基金专项的地级市，制定出台了《关于加快碳汇林业发展的意见》，并制定了中国第一个森林增汇项目的技术操作规程。从大产业到小社区，温州瞄准无形资源，建立了有形碳汇市场，使人们了解到植树造林是改善生态环境的直接手段，将碳汇理念融进了生活。同样，鄞州也倡导社会参与，已经逐步建立起政府导向投入、企业主体投入、社会广泛投入的多元投入机制。让碳汇造林从公益出发、回馈社会，效益更长远。临安则将林业碳汇上升到可操作层面，采取基地示范，将碳汇监测量化，开展碳汇造林和森林可持续经营试验示范。

2. 十年公益林建设圈出绿色新浙江

进入 21 世纪，浙江开始实施森林分类经营，在浙江八大水系源头等生态重要部位建设公益林。

随着生态公益林的不断建设，浙江全省森林资源快速增长，森林质量显著提高，生态环境极大改善。据统计，2001～2011 年，10 年公益林建设以来，森林覆盖率从 59.4%提高到 60.92%，活立木总蓄积量从 1.38 亿立方米增加到 2.29 亿立方米。单位面积生物量更是由 2001 年的每公顷 62.69 吨增加到 2010 年的 95.59 吨。据测算，2010 年省级以上公益林在涵养水源、固土保肥、固碳释氧、净化大气、减轻灾害等方面，发挥了高达 1 855.52 亿元的生态效益。

在生态公益林补偿机制下，林农自觉放下斧头，当起了护林使者。据浙江省林业厅调查，2010 年，全省已发展农家乐休闲旅游村 2 490 个，经营农户达 1.09 万户，接待游客 7 802.76 万人次，直接营业收入达 54.43 亿元，森林旅游收入为 224.3 亿元。生态公益林建设既改善了环境，又增加了林农收入，成为一项实实在在的富农惠民的民生工程。

3. 森林公园建设开辟林场发展新方向

在推进生态文明建设的进程中，森林公园是我国自然保护和生态建设的主要组成部分，森林公园的保护管理属于社会公益事业，在这一思想指导下，浙江既没有把森林公园等同于保护区绝对不让利用，也没有一味追求经济效益进行大规模利用，而是从全面科学的角度对森林公园进行经营管理。

浙江对森林公园的利用坚持做到五个必须。

1）必须发挥森林公园的生态保护作用，使森林公园成为保护国家珍贵森林风景资源和生物多样性的重要阵地。

2）必须发挥森林公园的生态教育作用，使森林公园成为弘扬和传播生态文明重要的载体。建设生态文明，树立尊重自然、顺应自然、保护自然的生态文明理念。进一步建成一批高质量、有影响力的生态文化教育示范基地，为提高社会公众生态文明素质做出贡献。

3）必须发挥森林公园的窗口作用，将森林公园建设成风光无限的公园，为建设高质量和优美舒适的人居生态环境贡献一份力量，成为人人共享的社会公共环境福祉。

4）必须发挥森林公园的生态作用，使森林公园成为生产生态产品的重要基地。浙江通过提供优质生态产品、促进绿色经济增长，来满足社会公众的多种需求，使森林公园真正成为生产生态产品的重要基地。

5）必须发挥森林旅游的带动作用，使森林公园成为推动区域经济发展，实现兴林富民的重要途径。浙江紧紧把握兴林富民这一林业发展宗旨，积极引导、鼓励广大林农发展与森林旅游相关的产业，把绿水青山变为金山银山，实现兴林富民、兴旅富民。

5.2 森林养生的功能与意义

作为森林开发的重要形式和发展方向，森林养生具有多种功能，在生态、社会、经济领域将产生巨大的效益，对于促进可持续发展和生态文明建设具有重要意义。

5.2.1 生态功能与意义

1. 传播生态文明理念

党的十七大明确提出了“建设生态文明”这一新的发展理念，开展森林养生是进行环境保护教育和生态文明教育的重要方法，它能够吸引更多的人走进森林，有利于弘扬生态文明的理念，加强生态文明建设和美丽中国建设，培养民众热爱自然、尊重自然、保护自然的意识，形成人与自然和谐相处的风尚，推动森林城市的建设。尤其要重视对年轻一代的环境教育，使生态文明的理念深入人心，代代相传。

知识小课堂

森林的治愈能力

如海洋一样深邃的森林，是地球绿色的子宫。自给自足的生态系统孕育着生命的秩序与活力。丰富有趣的森林游艺为我们提供了与自然亲近的方式。在复愈性环境中，人们能够清除思虑中的“噪声”，迅速恢复疲惫的身心，体验深层修复。

1. 森林具有疗愈力

古代，人们出于对森林和树木的敬畏之情，会举行一些纪念活动。美洲印第安人视森林为图腾：“树木撑起了天空，如果森林消失，世界之顶的天空就会塌落，自然和人类就一起死亡。”事实上，森林确实是人类的“医院”：保持水土，吸收二氧化碳并释放氧气，净化污染空气，降低噪声，为野生动物提供良好的栖息地，调节气候。

森林疗法起源于德国。人和森林有一种天然亲和感，森林里的溪流和植物光合作用可释放大量的负离子，森林中高浓度的负离子可起到调节中枢神经、降低血压、促进内分泌功能等作用，而植物精气可以杀死细菌和真菌，提高人体免疫力。日本和德国的森林疗法、韩国的森林休养、中国台湾的森林调养都是利用经过认证的森林环境和林产品，在森林中开展森林安息、散步等活动，实现增进身心健康、预防和治疗疾病目标的替代疗法。

森林疗法包括森林漫步、芳香疗法、作业疗法、森林体操、森林呼吸、心理疏导等环节。森林漫步作为一种运动，能明显地改善情绪和降低压力。森林的自然环境越好，在森林里休憩的时间越长，森林疗法对情绪改善的效果越明显。在松涛、鸟鸣的森林背景音乐中，人很容易打开五感，人与人之间容易建立倾听的信任关系，负能量也更容易释放。

2. 森林疗愈地推荐

（1）武陵森林游乐区

武陵森林游乐区（图 5-1）跨越台中市和平区、宜兰县大同乡等地，高度变化为 1 800 ~ 3 884 米，区内分布着冷杉林、铁杉林等原始森林，有樱花、雪景、瀑布、溪流等景观，拥有雪山、武陵四秀（品田山、桃山、池有山、喀拉业山）等著名登山路线，以及武陵吊桥至桃山瀑布间的著名赏鸟路线。沿武陵吊桥至桃山瀑布间的著名赏鸟路线行进，人们可发现台湾朱雀、鸲鹟、大赤啄木及台湾噪眉等。苍翠丰盈的原始森林与人工造林地，不仅是森林浴的绝佳场所，还是登山健行、观瀑赏枫的好地方。

图 5-1　武陵森林游乐区

（2）虹夕诺雅轻井泽度假酒店

虹夕诺雅轻井泽度假酒店（图 5-2）坐落于山间秀丽的山谷之中，周边森林覆盖率为 80%。加上其位于轻井泽高原之上，所以这里成为日本的避暑胜地。其周边设有一座日本国立野鸟森林公园。Picchio 生态中心以轻井泽的野鸟森林为据点，该中心研究森林与生态旅游的向导专家团每天早晨都有自然观察项目。例如，面向儿童的森林探索游项目——挑战森林之谜。让孩子通过一节在森林中的讲座，学习到大自然界的知识。而“夜晚森林观察游”会让游客发现只有在夜晚才开的月见草，发出超声波声响的蝙蝠，还有只能听到脚步声的夜行动物。

图 5-2　虹夕诺雅轻井泽度假酒店

（3）金山寺

金山寺是位于韩国全罗北道金堤市的佛教寺院，是韩国佛教最大宗派曹溪宗第 17 教区的所在地。其弥勒殿现为韩国第 62 号国宝。此外，金山寺保存着好几种文化财。金山寺也经营寺庙寄宿，提供暂住韩国传统寺庙的机会，以及体验韩国佛教传统文化与修行精神、寺庙日常生活等活动。金山寺除了有礼佛、参禅、钵盂供养、108 拜、森林漫步、与僧侣对话等基本活动外，还有根据时期安排的特别活动。

（4）赤泽自然休养林

赤泽自然休养林（图 5-3）位于信州木曾路的西部，自古作为森林浴胜地而闻名，是日本三大美林之一，2001 年被定为环境省（部）植物香气风景 100 处之一。园内除八条散步路线外，还保存着曾经在木曾山林中活跃过的赤泽森林铁路，该铁路在开园期间的星期六、星期日及节日运行。此处的森林空间能同时作用于人的视觉、听觉和嗅觉三种感官，从而收到极好的疗效，在医学方面也已经证实森林浴的效果可以使人舒适放松。因此，赤泽自然休养林被认定为森林疗法基地。

图 5-3 赤泽自然休养林

（5）森林里的小火车

Eco Land 生态公园坐落于济州市朝天邑大河里，是一个以环保森林小火车为主题的天然公园。游客可以搭乘森林小火车（图 5-4）游览汉拿山原始森林。森林小火车自总站出发，沿途经过四个不同的站台，游客可以随意在不同的站点下车，感受湖水、森林、草地的自然风光，与大自然进行亲密接触。

图 5-4　森林小火车

（6）榧子林公园

济州岛上的榧子林公园被指定为韩国第 374 号天然纪念物，是被重点保护的自然森林。榧子林公园内共有 2 800 多株榧子树，树龄为 500 ~ 800 年。济州市政府于 1992 年在这里开辟了专门的散步小道，使当地又增加了一处能够亲近自然、呼吸绿色空气的天然氧吧。

（7）植物园里的有机农场

中国香港最高山脉大帽山北坡和山麓上有一家占地逾 148 公顷的嘉道理农场，该农场是一个自然教育的典范。游客绕着山峦蜿蜒而上，经过有机农圃、植物园和本土树林，就可以登上海拔 546 米的观音山顶。这里除了美不胜收的园林景致，也有各式各样的教育展览、永续特色及野生物种拯救设施，林间还有小石径、亭台楼阁、雅致小桥、清溪瀑布和风景怡人的野餐地点。植物园内提供“原木工作坊”，旨在带领参与者探索园区内不同树木的物种及木材种类，感受人与树木及自然界各种元素的关系。

（资料来源：森林休闲体验分会，2016-08-17.）

2. 维持森林生态平衡

森林生态平衡对于调节气候、涵养水源、防风固沙、提高森林质量等具有重要意义。森林养生是一种极具发展潜力的生态林业发展模式，它实现了保护森林生态环境与实现森林多功能利用的有效平衡，能够全面维持森林生态平衡。森林养生产业的发展，能够降低植树造林成本，降低林业资源消耗，提高森林资源利用水平，提高森林生态建设成效。

5.2.2 社会功能与意义

1. 满足游憩需求

森林养生利用森林特有的资源优势与环境优势，能够满足人们日益增长的身心需求，促进人们的身心和谐发展。森林养生提供多种形式的活动项目来引导人们进行养生活动。例如，森林养生可以通过提供高质量的环境生态服务和森林休闲体验，使人们在参与化、互动化、趣味化的过程中得到休闲、康体、创造、疗养等效果，满足人们精神上和心理上的高层次追求，推动人的全面发展。

2. 改善林区民生

首先，旅游业直接为全球提供了众多岗位，旅游业影响着全球 10%左右的国民生产总值。开展森林养生旅游产业能够直接拉动社区居民就业，缓解城区就业紧张的压力，增加新的就业岗位，实现兴林富民的目标，改善以生产生活条件、交通条件、通信条件为重点的林区民生；能够充分调动林区群众保护生态的积极性，为生态文明建设提供不竭的动力源泉，使社区和林区相互促进、共同发展。

森林养生在解决林区民生的同时，缓解了全市养老、疗养设施不足的问题，为城市康养提供了场所，提高了质量，找到了一条新途径。

3. 传播森林文化

森林养生不仅停留在森林的多功能利用层面，更多的是人们对森林文化的体验可以唤起人们对森林文化的关注，是森林文化的重要传播方式。森林养生的过程是人们与森林文化的交流过程，能够促进文化和民族间的交流，促进文化发展。

5.2.3 经济功能与意义

1. 转变林业经济发展方式

林业是国民经济的基础产业。但长期以来，我国林业经济一直停留在生产某些经济林产品的阶段，开展森林养生能够改变林业传统经营方式，提高森林的利用效率，为森林多功能找到新的突破点，使其成为服务性的社会经济结构。同时，森林养生通过对森林进行全方位、绿色利用，为林区提供了新的经济增长点，使林区发展争取得到内部资金保障。

2. 带动森林旅游升级转型

发展森林养生是提高森林旅游品位、升级森林旅游产品的重要抓手，能够为森林旅游找到新的突破点。同时，森林养生产品的利用能够丰富森林旅游产品，增强旅游业的整体竞争实力，使林区所在地从旅游大省向旅游强省迈进。此外，良好的森林养生开展还能够增加旅游收入和旅游税收，创造外汇收入。

3. 促进国民经济协调发展

森林养生使林业的利用方式从掠夺型变为服务型，调整了产业结构，推动了第二、第三产业的发展。开展森林养生也带动了林区周围地区经济和其他行业经济的发展，实现了“乘数效应”。2015 年，仅养生旅游一项，全球消费达到 4 941 亿美元，带来了 1 450 万份直接工作机会和对于世界经济达 1.5 万亿美元的经济影响。随着林区经济不断增长，城乡经济的差异也将不断缩小。

5.3 我国开展森林养生的优势及推动因素

5.3.1 开展森林养生的优势

1. 政策优势

加快发展森林旅游是推进现代林业发展和旅游业升级转型的强劲动力。森林养生的发展特点与建设生态文明社会的要求相契合，也符合丰富和完善森林旅游产品体系，促进森林旅游业升级转型的政策要求。

2. 资源优势

截至 2016 年年底，我国已建立各级森林公园 3 000 多处，其中国家级森林公园 827 处、国家级湿地公园 836 处，还有各级自然保护区 2 301 处、国家级沙漠公园 70 处及国有林场 4 855 个。另外，还有一大批树木园、野生动物园、花卉园等，这些资源为森林养生发展奠定了良好基础。

3. 市场优势

我国森林旅游市场前景乐观，旅游人数年均增长率和旅游购物消费都逐年增长。森林养生的发展将构建具有竞争力的旅游消费项目，满足游客不同时段、不同层次的多方面要求，庞大的游客群体既为森林养生的发展提出了迫切的、多元化的要求，也为实现森林养生的功能价值提供了强大的支撑。

4. 文化优势

中国文化源远流长，其中以人为本，天人合一的思想贯穿古今。中国森林养生的精髓在于以人为本，协调人与自然和谐相处的文化。它反映了事物发展的客观规律，是启迪天人合一的生态理念，是诱导健康、文明的生产生活和消费方式的文化，是对文化的延伸和创新，倡导绿色的生活方式和文明的人文道德。森林生态文化体系建设，可以满足人们对森林生态文化的需求，是推进我国生态文明发展的重要内容和任务。

5.3.2　森林养生发展的推动因素

1. 政府支持养生产业的发展

改革开放以来，我国经济持续稳定增长，带动了我国养生产业的迅速发展，加上 21 世纪以来，人口老龄化、亚健康问题及慢性疾病的蔓延，养生产业顺理成章地成为我国的朝阳产业。2013 年 9 月 28 日，国务院印发《国务院关于促进健康服务业发展的若干意见》，该意见提出，力争到 2020 年，基本建立覆盖全生命周期、内涵丰富、结构合理的健康服务业体系，打造一批知名品牌和良性循环的健康服务产业集群，并形成一定的国际竞争力，基本满足广大人民群众的健康服务需求。健康服务业总规模达到 8 万亿元以上，成为推动经济社会持续发展的重要力量。我国健康服务业包括医疗服务、健康管理与促进、健康保险及相关服务，涉及药品、医疗器械、健身产品等支撑产业。养生行业作为健康服务业的重要分支，未来的发展将更加科学、规范。

2. 家庭收入增加

《国民经济和社会发展统计公报》相关统计显示，近年来，我国城镇居民可支配收入连年增长，而随着收入的增长，家庭养生支出也不断增加。根据波士顿咨询集团的研究模型，截至 2020 年，中高收入城市家庭所占比例将由 2013 年的 38% 增加到 59%。社会整体收入水平的提升，势必会增强人们的消费力，从而产生更多的养生支出。

3. 中国旅游市场迅速发展

我国居民旅游消费潜力得到持续释放：国内旅游消费从 2010 年的 1.257 98 万

亿元增长到2016年的3.94万亿元，年增长率接近30%；出境旅游消费从2014年的896.4亿美元增长到2016年的1 098亿美元（表5-1）。中国旅游业在全球同业中的地位和作用日益提升，并且将持续增长。

表5-1 中国旅游市场消费

年份	国内旅游游客量/亿人次	国内旅游收入/亿元	出境旅游游客量/亿人次	出境旅游消费/亿美元
2010	21.03	12 579.8	0.573 865	
2011	26.41	19 305.39	0.702 5	
2012	29.57	22 706.22	0.831 827	
2013	32.62	26 276.12	0.981 852	
2014	36.11	30 300	1.070 0	896.4
2015	40	34 200	1.170 0	1 045
2016	44.4	39 400	1.220 0	1 098

在中国旅游业的发展中，出境旅游市场的表现最为出色。2012年，中国出境旅游消费超过美国和德国，成为世界第一大出境旅游市场。安永会计师事务所（Ernst & Young）预测，截至2030年，中国将赶超美国，成为世界最大的旅游经济体。森林养生收入也将随着国内旅游市场和出境旅游市场的巨大发展而增长（图5-5）。

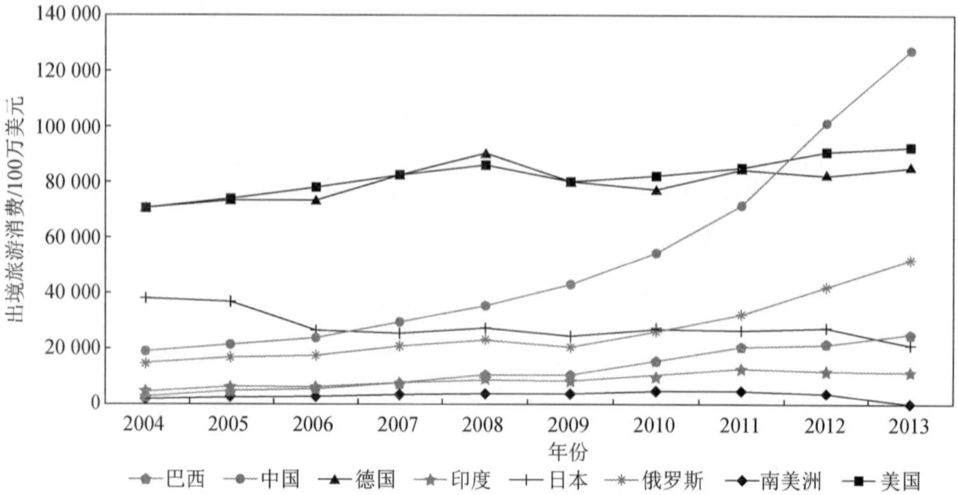

图5-5 出境旅游消费

4. 中国人口整体健康需要提升

环境污染、城市工作压力等问题，使人们的亚健康状况越来越严重。从事大量脑力劳动的知识分子是亚健康的主要人群。

世界知名办公方案提供商雷格斯针对压力展开了一项调查，结果显示，中国内地上班族所承受的压力位列全球第一。在对全球 80 个国家和地区的 1.6 万名职场人士开展的抽样调查中，中国内地有 75%，中国香港地区有 55%的被调查者认为压力高于上一年，分列第一和第四，大大超出全球的平均值 48%。其中，中国的上海、北京两座城市分别以 80%、67%排在各城市的前列。人口庞大、社会转型、欲望膨胀，使中国成为不折不扣的“压力之国”。

根据德勤咨询的调查，我国 85%的居民处于疾病或是亚健康状态，健康的居民仅占 15%（图 5-6）；同时，25%的被调查者表示，健康状况欠佳已成为影响其生活满意度的第三大因素（图 5-7）。

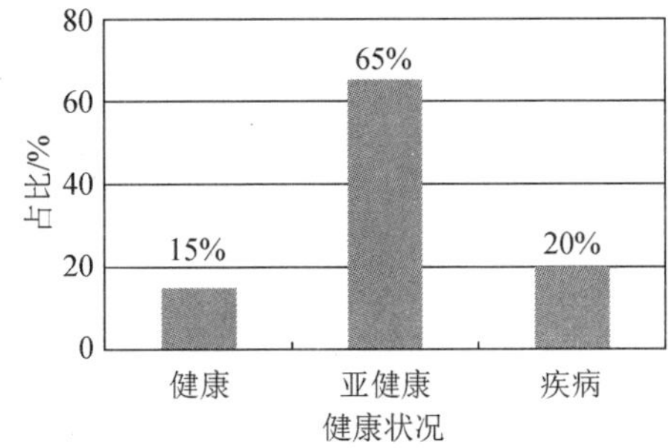

图 5-6　2013 年中国居民健康调查

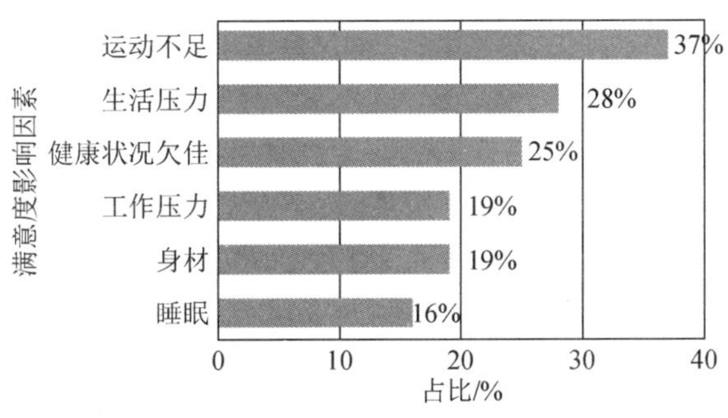

图 5-7　2013 年国内居民个人生活满意度影响因素调查

世界卫生组织统计数据显示，中国由慢性疾病导致死亡的人数占总死亡人数的 87%，而全球平均值为 63%，并且随着环境污染、人口老龄化问题的加重，慢性病的患病率日益增加。另外，压力和不良饮食引起高血压、高血糖等疾病的患病率也逐年上升。调查数据显示，中国是吸烟率较高的国家之一，其中男性吸烟率超过 50%。中国人为保持健康而改变不良生活方式势在必行。

5. 养生意识和愿望增强

当下，人们的养生意识不断觉醒，各类养生理念正以前所未有的速度进入寻常百姓家。养生书籍、养生电视节目、养生保健品影响着人们的日常生活，参与晨练、晨跑等活动的人群比比皆是，随着可支配收入的不断提高，人们对养生的投入将不断加大。

根据波士顿咨询集团的预测，截至 2020 年，中国总体养生市场规模将达 700 亿美元。中国养生消费者的养生意识不断提升，他们积极寻求各种养生方式来治疗常见疾病、提高免疫力及身体素质。这一预测并不是毫无依据的，压力、人口老龄化、食品质量安全等社会问题，以及我国养生消费者积极寻求养生的意识和愿望，都将促使中国养生旅游市场持续增长，与此同时，社会整体收入的提高加上国内旅游业的蓬勃发展，将进一步推动中国养生旅游的发展。

除此之外，空气污染、食品质量与安全问题等因素，促使中国人开始“逃离”城市，进而出现“黄金周”变成“拥堵周”的现象。调查显示，中国 80%的人群将旅游作为其减压休养的首选方式。

胡润研究院的调查显示，88%的高净值人群（可投资净资产≥600 万元）愿意投资健康。健康相比教育、社会责任等在高净值人群心目中更为重要，在该人群各项需求中位列第一。越来越多的高净值人群已经认识到，注重健康管理不仅是对自己负责，也是对家庭、社会负责。

第6章　我国森林养生的发展前景及市场定位

6.1　我国森林养生的发展前景

6.1.1　我国森林养生的发展需求

1. 环境问题带来的森林健康产业关注

日益恶化的环境，尤其是与人类健康息息相关的 PM 2.5、雾霾危害、沙尘暴侵袭等，促使人们逐渐开始走进森林，在森林中呼吸负离子、植物精气。这将成为现代都市人的一种生活方式。

2. 工作、生活压力引起的改善亚健康诉求

我国约有 60%的人（约 7 亿人）处于亚健康状态。尽管造成亚健康的原因是多种多样的，但过度疲劳仍是首要原因。据报道，城市新兴行业人群中亚健康状态的人占比在 60%～70%，过度疲劳也越来越多地成为我国人民的健康大敌。亚健康状态正困扰着社会各阶层、各年龄段的人，尤其是当代都市人。

3. 老龄化社会出现养生、养老市场需求

据统计，截至 2016 年年底中国 60 岁及以上老年人口已经超过 2.3 亿人，占总人口的 16.7%以上。预计 2020 年将达到 2.4 亿人，占当时总人口的 16%左右。到 2050 年，老年人口总量将超过 4 亿人，老龄化水平将达到 30%以上。老龄人口猛增，高龄化和空巢化趋势明显，这些问题给中国的养老体系带来了前所未有的压力，养老问题已经引起政府和社会的重视。

4. 森林产业提质转型发展的趋势浪潮

森林养生是森林旅游产业从观光阶段转型到体验阶段的有效途径，这是森林产业发展的必然趋势，也是体验经济和养生文化的发展趋势。作为新型产业，森林养生需要多学科、多部门的合作，要开展相关的研究，要以开拓创新的精神来发展和推动。

6.1.2 森林养生的受众

森林养生利用森林中对人体有益物质和成分，使人体的生理和精神发生很大甚至是质的变化，从而达到防病治病、缓解压力、修身养性、解除疲劳、康体健身、益寿延年的目的，是所有追求健康生活的人们的共选。但目前综合时间、经济和需求各方面的影响，森林养生的受众在实践上主要以中老年人为主。

6.1.3 我国森林养生发展趋势预测

1. 我国森林养生发展的空间较大

根据世界养生协会的预测，未来森林养生的发展将由亚洲、拉丁美洲和中东/北非地区的消费者来带动，其中最引人注目的就是中国。考虑到生活压力、慢性疾病、空气污染、环境污染等问题的日益严重，我国养生旅游需求将显著提升。国务院2013年公布的《国务院关于促进健康服务业发展的若干意见》中提出，到2020年，中国健康服务业总规模达到8万亿元以上。森林养生作为其中重要分支也将具有较大的发展空间。

2. 我国森林养生向多元化产品综合目的地发展

尽管目前国内森林养生目的地的产品种类较为单一，且对当地自然资源依赖度高，但未来随着产业的不断发展，以及消费者多元化需求的推动，森林养生目的地的产品将不再局限于依赖特定的自然资源，而是在本地资源的基础上，增添各类产品、课程、理疗、功法、水疗等元素，重视产品在身体、心智、情绪、灵性上的多元化建设，形成层次丰富的综合目的地，提高对养生客源的吸引力和黏性。

3. 我国森林养生将发展具有中国特色的国际化森林养生产品

将中国的中医、禅修、道家养生等古老的养身智慧与森林养生产品相结合，是国内外养生旅行者的共同愿望。近年来，国内辟谷、禅修、中医旅游等养生旅游项目的发展初见端倪，今后随着市场发展和投资运营者的成熟，这些中国传统养生项目将进一步提升标准、档次和国际接待能力，形成名片式的特色主题森林养生旅游产品。

4. 我国森林养生将参与世界各地的森林养生产业竞争

在目前的中国出境旅游消费结构当中，养生旅游所占比例甚微。在调查中我们发现，中国消费者对于来自世界各地的森林养生持有开放态度。中国消费者对德国的森林教育、日本的森林户外体验、印度瑜伽和阿育吠陀、欧洲精油和芳香疗法、日本长寿疗法等各类养生方法的接受度整体较高，未来到世界各地参与当地的森林养生之道，将成为一大趋势。因此，做好森林养生行业，我国将参与世界各地的森林养生产业竞争，在世界森林养生产业中争取一席之地。

6.2　森林养生的市场定位

森林养生市场定位是指为稳定市场、吸引顾客，根据目标市场上需求和竞争者状况，努力采取行动，为森林养生区（企业）及产品塑造和培养具有一定特色的市场形象，并通过一定的信息传播途径，把这种形象传达给消费者，最终在消费者心理上产生产品认同的过程。森林养生区（企业）一旦选定目标市场和差异化策略，为了使目标顾客能够容易识别其产品和服务，并形成特定印象和看法，就要进行市场定位。市场定位关系到森林养生区（企业）及其产品在市场竞争中占领消费者心理、树立市场形象、实现市场营销战略目标等一系列重要问题。

6.2.1　我国森林养生市场现状

我国森林养生产业发展快速。森林养生是森林资源利用与保护的最佳结合点。森林养生活动在充分保护森林植被的情况下，有效利用森林的保健、康养等功能，充分实现森林生态、社会、经济效益的最佳统一，发展前景十分光明。森林养生已越来越为人们所关注，并逐渐成为我国森林产业发展的主流趋势。森林养生活动有别于传统的消费形式，它们之间的差异不仅体现在消费目的、消费行为、消费档次、消费形式上，也反映在对活动地产品、服务体系与服务质量需求的区别上。

基于人类对养生保健需求的增长及对生态环境认知的加深，森林环境对人体健康效应的研究也取得突破性进展，从实证研究转变到以科学量化数据为基础的循证研究，在医学上证明了森林环境对人体的健康效应。这些研究成果使森林功能的利用得到了很好的认识与发展，公众对森林旅游有了新的认识，并对森林养生的需求逐渐增加，使我国森林养生能够逐渐发展起来。

随着人们生活水平和生活质量的日益提高，人类回归自然的欲望和对森林景观内涵的理解与追求发生了根本性心理变化。根据森林利用所依托的资源特性与种类不同，结合游客的需求特征，森林体验与森林养生可以分为不同的类型，进而满足游客不同的体验与养生需求。特别是年龄在 50 岁以上的中老年群体，森林养生活动对其吸引力最大，他们的参与程度也最高。

6.2.2 我国森林养生市场消费现状

随着环境污染、人口老龄化、亚健康等问题的出现，我国对于森林养生的关注度持续上升。总体来说，中国森林养生市场数量已初具规模，现已成为亚太地区重要的养生消费市场，但是与国外相对成熟的森林养生市场相比较，差距仍然存在。

1. 养生旅游数量初具规模，但发展仍处于起步阶段

《2016 体育旅游消费报告》显示，随着人们强身健体意识的增强，体育旅游的市场正在不断扩大。登山、跑步、骑行、徒步等健身活动，从小学生至花甲老人都可参与，受到广大游客的喜爱。森林养生的宗旨与最终目的就是缓解压力、获取知识、愉悦身心、强身健体。太极、武术、瑜伽等是森林养生产品的重要活动形式，虽然目前消费规模仍处于起步阶段，与国外发达国家相比还没有形成稳定的发展态势，但随着森林体验产品的增加和市场的不断扩大，其市场和未来需求也将不断扩大。

2. 我国森林养生旅游消费仅次于日本

森林养生旅游在我国属于新兴的概念，森林养生旅游产品种类也有待丰富。但我国每年仍以近 123 亿元的森林养生旅游消费位居亚太地区第二，折射出我国森林养生旅游市场具有相当好的潜力（表 6-1）。

表 6-1 2013 年亚太地区前六大森林养生旅游市场

国家	旅游数量/万人次	旅游消费/100 万美元
日本	3 600	22 159.50
中国	3 010	12 278.10
印度	3 270	9 161.80
泰国	830	8 823.90
韩国	1 560	5 836.40
澳大利亚	4 600	5 275.20

注：中国的统计数据中未包含香港、澳门和台湾。

随着我国森林养生产业的发展和壮大，消费人数的增加，我国的森林养生旅游次数迅速增加，成为森林养生旅游次数最具增长空间的国家之一，同时，政府支持也对市场产生积极的推动作用。

6.2.3　中国森林养生消费市场需求特征分析

Healing Hotels 酒店集团对中国近千名森林养生旅游消费者进行了一次关于森林养生旅游产品消费偏好的调查，结果显示中国森林养生旅游消费者的市场需求有以下特征。

1）受传统文化影响，中国消费者是世界上最重视森林养生消费的群体。

2）中国的森林养生更注重家庭，认为亲子、体验、养生不冲突。

3）与欧美消费者相比，中国消费者偏好安静的森林养生方式。

4）在诊断方面，中医是大多数中国消费者认可的方法。

5）在森林养生旅游中的课程体验的偏好上，除了身体保养外，心理、禅修和才艺相关课程也广泛受到欢迎。

6）森林养生目的地的各类活动中跑步和生态步行、禅修、农事、冥想和瑜伽最受欢迎。

7）中国消费者对于世界各地新的森林养生理疗方法持非常开放的态度，愿意尝试不同的理疗项目。

8）对于森林养生餐饮需求，超过一半的受访者（55%）希望在森林养生旅游中体验素食。

9）在森林养生旅游活动参与度上，女性对于森林养生旅游活动的积极性高于男性。

10）价格并非影响中国消费者选择森林养生旅游目的地的最重要因素。自然环境、地理位置和交通通达性、森林养生项目和活动设置等因素均对目的地选择有非常重要的影响。

6.2.4　明确市场竞争优势

1. 森林类型多样，树种资源丰富

我国地域辽阔，自然条件复杂多样，从北到南跨越的五大气候带，适生着不同种类的森林植物，形成了中国森林类型多样，森林植物种类繁多，绚丽多彩的特色，在世界植物宝库中占有重要地位。全国由北向南依次分布有寒温带针叶林、温带针叶与落叶阔叶混交林、暖温带落叶阔叶林、亚热带常绿阔叶林、热带季雨林和雨林等多种森林类型。据统计，世界上有木本植物约两万余种，中国约有八千余种，其中乔木树种即达两千余种。

另外，中共十八大以来，中国完成造林 5.08 亿亩，森林面积达到 31.2 亿亩，森林覆盖率达到 21.66%，森林蓄积量达到 151.37 亿立方米，成为同期全球森林资源增长最多的国家。

中国幅员辽阔，由于各地自然条件不同，加之植物种类繁多，森林植物和森林类型极为丰富多样。

1）东北针叶林及针阔叶混交林是中国主要天然林区，现有森林 3 094 万公顷，占全国森林总面积的 26.9%；森林蓄积量为 28.9 亿立方米，占全国森林蓄积量的 32%；森林覆盖率约为 37.6%。

2）西南亚高山针叶林和针阔叶混交林，位于青藏高原的东南部，是中国第二重要的天然林区。全区有林地面积 2 245 万公顷，占全国森林总面积的 19.5%；森林蓄积量为 35.8 亿立方米，占全国森林蓄积量的 39.7%；森林覆盖率为 28.3%。西南地区的森林资源主要分布在川西、滇西北、藏东南的高山峡谷地区，其范围有 7 500 万公顷，有林地面积达 1 700 万公顷，森林蓄积量达 31 亿立方米。

3）浙江、安徽、江西、福建、湖北、湖南、广东、广西、海南和贵州等是我国自然条件较好的地区，也是历来林业发达的地区，人工林占有很高的比例。山区的农民有经营林业的习惯，南方地区森林资源的分布比较均匀。

我国森林资源丰富，国家级森林公园总数为 881 处，其中黑龙江有 66 处，湖南有 63 处，江西有 49 处（表 6-2）。

表 6-2　截至 2017 年年底我国各省（自治区、直辖市）国家级森林公园数量及面积信息

省（自治区、直辖市）	国家级森林公园数量/处	面积/公顷
北京	15	68 438.43
天津	1	2 126.00
河北	27	297 501.98
山西	21	408 626.38
内蒙古	35	1 078 985.55
辽宁	31	144 761.12
吉林	35	391 889.57
黑龙江	66	2 290 613.7
上海	4	1 964.36
江苏	21	52 891.07
浙江	41	225 651.32
安徽	34	116 688.26
福建	30	128 098.49
江西	49	387 692.02
山东	49	211 999.66
河南	31	133 891.61

续表

省（自治区、直辖市）	国家级森林公园数量/处	面积/公顷
湖北	37	317 285.51
湖南	63	345 717.65
广东	27	214 474.98
广西	22	222 863.38
海南	9	119 101.93
重庆	26	136 303.35
四川	44	1 731 996.97
贵州	28	177 693.76
云南	32	146 055.55
西藏	9	1 186 760.06
陕西	37	205 813.65
甘肃	22	471 751.45
宁夏	4	28 587.00
青海	7	293 296.60
新疆	24	1 246 669.07
合计	881	12 786 191.37

注：表中数据不包括香港、澳门和台湾的数据。

2. 消费者旅游方式的转变

在过去的几十年，受我国旅游的发展和消费水平等因素的制约，传统的旅游模式盛行，这种旅游模式不仅形式单一，还不能使消费者在旅行中达到舒缓身心、减轻压力的目的。

随着当代都市人工作和生活节奏的不断加快，人们身心透支巨大，疲惫感日重。长此以往，工作和生活压力将对身心造成不可逆的损害。为了得到彻底的放松，体验与养生旅游应运而生。特别是随着交通网络的日益发达，人们的出行能力不断增强，出行旅游不再是“难得出门，多走多照”的走马观花游，而是转向“常来常往，身随心动”的身心体验游。这种旅游模式也被称为绿色旅游，即将旅游建立在自然环境的基础之上，积极推广绿色发展理念，进行环保管理，推广和普及绿色消费。

根据世界养生协会的预测，未来欧洲和北美洲地区依然会保持森林养生旅游的旺盛发展，而中国、印度等亚洲国家将成为新一轮的全球森林养生旅游热点地区。

第 7 章　森林养生的实践路径

7.1　森林养生产品定位

7.1.1　森林养生的理念

森林养生关注自身、享受静态，不论是从我国传统的养生文化角度来讲，还是从现代医学的角度来讲，养生的关键都在于遵循生命的发展规律，通过各种调摄保养，增强自身体质，从而达到颐养生命、愉悦精神的目的。森林养生中“养身”“养气”“养心”的根本都在于“养”。

7.1.2　森林养生产品依赖资源与环境

森林养生以优质的森林资源为基础条件，以充分保持和发挥森林植被和环境功效为前提，以适度的人工设施为辅助，以科学缜密的医疗监测数据为依据，以健康的衣食住行为保障，为追求健康生活的人群提供良好的养生产品和服务。没有优质的森林资源和环境作为基础，森林养生就无从开展。

7.1.3　森林养生产业发展的方式

1. 与农业相融合

充分利用和挖掘当地特色产业资源优势，引进现代农业先进技术与理念，创新发展绿色农业及保健食品、绿色农产品加工等产业。大力发展乡村生态旅游，将农业发展与自然风光、休闲度假、养生、养老相结合，有机整合内容及项目，体现森林养生基地的特色和吸引力，大力推进广大林区乡村森林养生基地集群建设。

2. 与林业相融合

森林具有很多生态产品，加强第一、第二、第三产业深度融合，切实将生态优势转变为发展优势和经济优势，可推动现代林业发展、产业结构优化升级，培育新型产业形态，满足健康、养老、养生的不同层次的市场需求。依托优质森林环境，开展森林浴、养生步道、养生温泉、养生饮食、森林茶馆、运动养生等体验项目，培养本地森林讲解员，加强养生体验项目指导培训服务，增加游客森林养生活动的体验参与积极性，建设完善森林养生标志、标牌和解说体系，提升游客体验愉悦感和满意度。

3. 与养老服务业相融合

提供养老服务的森林养生基地，要与特色农林业、旅游业、文化产业等紧密结合，加强养老服务机构建设，通过新建、改建、补充完善养老服务设施，逐步建立多元化、多层次的针对老年人的养生产品供应体系，可以拓展性地建设森林疗养院、森林度假区、森林医院等，打造一批独具养生特色的老年养生社区。

4. 与医疗服务业相融合

深度挖掘中医药保健养生资源，打造有区域特色的中医养生保健品牌。开展健康管理、高端体检、美容养颜、康复疗养等医疗健康服务，逐步形成与森林养生服务功能配套的针对亚健康人群的养生、保健、医疗健康服务体系。在具备医养融合发展条件的森林养生区域，优化医疗卫生资源配置，加强医疗卫生机构与养老机构的双向合作，建立以公立医疗卫生机构为主体，以民办医疗机构为补充，以森林疗养、治疗、康复、养老为特色的医养融合服务体系。

5. 与旅游业相融合

森林养生基地根据自身所具有的森林、阳光、山珍、温泉、生态、风情等自然资源和人文资源的不同，进行资源组合，融合发展“医＋旅”“康＋旅”“养＋旅”相结合的森林养生旅游，与全域旅游相结合来推动全域森林养生旅游的发展。

6. 与体育事业相融合

大力挖掘、传承传统体育文化，扶持并推广武术、太极拳、健身气功、龙舟、健身秧歌等传统运动项目。鼓励利用适合不同人群、不同地域和不同行业特点的特色运动项目，推动全民健身与教育事业融合发展，提高青少年身体素质和健康素质，将全民健身作为主动健康的重要手段，促进“治未病”，减少亚健康。

7. 与养生文化相融合

充分挖掘当地独特的人文资源和文化元素，以文化休闲养生为切入点，以文化产业园区建设为载体，以文化龙头企业培育为重点，发展具有本土特色的文化养生园、特色食品养生馆、茶文化养生馆、特色文化养生馆等森林养生文化产业。

8. 与教育产业相融合

依托当地现有的教育资源，并引进外部优质教育资源，发展森林养生教育培训产业，为森林养生产业提供人才与科技支撑。

7.2 森林养生的利用途径

要实现森林养生的深度利用，必须选择适宜而有效的利用路径。具体来讲，有以下几条途径。

7.2.1 生态低碳利用途径

生态低碳发展就是要将生态的理念贯穿于森林养生发展的全过程，实现生态化开发和低碳化发展。

1. 尊重与保护生态

要在尊重和保护生态的基础上，通过经济、技术和景观营造等手段，不断修复、优化和美化生态。既体现了人类对生态系统的尊重与爱护的态度，又着重反映出人类对于保护生态的作为与贡献。

2. 要维护森林生态系统的完整与和谐

森林生态系统是一个由森林景观、森林地域环境，以及依托森林生态系统而存在的地文、水体、大气及人文等共同构成的一个生动、丰富、和谐的有机系统。因此，在森林养生打造过程中，我们不能忽视和随意地割裂、破坏这种生态系统，更不能因为乱砍滥伐、乱挖乱建和盲目引进其他生物物种而人为地打破生态系统的平衡与和谐。

3. 因地制宜、因景制宜、因人制宜

根据各地的生态环境特点、资源状况和客源市场状况设计合理的体验和养生基地设施，避免因盲目跟风和随意复制对森林产生不必要的外来干扰和侵蚀，造成严重的生态危机和生态灾难。

4. 有效控制环境容量

依照森林养生基地建设标准严格测量环境容量，并对森林养生基地环境容量进行有效的控制，让森林养生活动控制在森林生态系统的承载范围之内，保证基地的长期可持续发展。

5. 提倡低碳建设和低碳消费

低碳建设主要涉及资源与环境的清洁、节约利用，太阳能、风能、电能和沼气等清洁能源和环保交通工具的采用，生态建筑材料的应用，以及通过绿地、水土改造所达到的增绿、增氧、增负离子的效果。低碳消费就是要通过有效的宣传、教育、引导和示范，倡导节能减排、绿色文明的生活方式，激发游客在森林公园清洁消费、绿色生活和健康体验。只有这样，森林养生基地才能建成为人与生物和谐共享的绿色家园。

7.2.2　特色差异发展途径

森林养生是具有特色和个性的森林多功能利用模式，走特色差异化之路应成为森林养生深度利用的重要选择。

1. 森林资源差异

森林养生虽然以森林景观为主，并存在明显的相似性，但是森林资源不仅局限于森林景观，还包括地文、水域、大气及人文等景观，它们之间的不同组合与分布，必然会形成不同的资源景象，甚至直接影响森林养生的资源特质。

2. 森林生态差异

任何森林景观都是依托一定的森林生态环境而生成和发展的，不同的森林生态环境形成了不同的森林生态特点。而森林养生的差异性基础正是这些不同的生态环境因子，只有抓住这些核心的生态环境因子，才能够进一步打造森林养生的核心吸引物。

3. 产品设计差异

产品设计差异表现在两个方面：一方面，森林养生开发要走出“贪多求全”的误区，专注和凸显森林养生产品主导的养生特色功能，实现其主导功能与游客利益诉求相对接。另一方面，在功能表达上要避免千篇一律的做法。同样是养生，我们可以利用森林资源和环境开展生态养生、运动养生、膳食养生、辟谷养生等不同方式的养生。同样建造住宿设施，我们可以采用建森林宾馆、树屋宾馆、汽车营地、帐篷营地等多种形式。总之，只有抓住森林养生有特色的核心资源和核心产品，突出产品的主导功能，并进行差异化表达，才能打造具有鲜明个性和强吸引力的旅游产品或品牌。

7.2.3　整合融通发展途径

整合融通的要义在于通过整顿、调整、对接、合作达到协同、融合的效果。针对目前许多欲开展森林养生地的森林公园虽有一流的森林景观但无一流的配套设施与服务的现实，我们认为，森林养生基地整合融通发展必须抓好以下几个整合与融通。

1）要在保护和优化森林生态系统的基础上，做好资源整合与融通。尤其是要做好森林景观资源与森林养生基地内的地文、水体、大气及人文等其他景观资源的整合与融通。

2）要做好森林景观资源与森林生态环境的整合与融通，避免森林景观的单一利用而忽视了森林生态环境的有效支撑作用。

3）要做好森林养生产品各要素的整合与融通，避免只注重景观打造而忽视配套设施与服务的建设。

4）要做好森林养生与林业、农业、文化、体育、科技、教育，以及娱乐、休闲、养老等业态的整合和融通，进一步拓展森林旅游产品的内涵与功能，并培育新的森林养生业态，实现森林养生和其他产业的共同发展。

5）要强化森林养生基地与周边景区或其他森林公园的整合与融通，让森林养生基地融入区域旅游发展大格局，获得更大的市场与合作空间，最终做大做强森林养生。

7.2.4 文化提升发展途径

森林养生基地既是自然的空间又是人文的景域，既是生物的乐园又是人与自然共享的家园。人与生物相通、相融的特性，决定了森林养生基地不可能脱离文化而存在。因此，森林养生产品打造过程中必须重视文化、用好文化，发挥文化的特殊作用。

1. 挖掘和利用好生物文化

生物文化包括花卉文化、竹木文化、龙虎文化等，充分发挥生物的人文价值与人文意义，并通过不同植物或动植物的组合配置与文化诠释，打造具有独特人文意境的景观空间。例如，通过松、竹、梅的组合配置打造具有坚韧品质的“三友苑”，通过梅、兰、竹、菊的有机配置打造具有人文气节的“君子园”。

2. 挖掘和利用好生态文化

充分发挥生态文化的教育功能，能够促进生态文明建设，同时激发人们了解生态、爱护生态和保护生态的积极性与自觉性。

3. 挖掘和利用好社会文化

社会文化资源是赋存于森林养生基地中的历史文化、宗教文化、建筑文化、民俗文化等资源，将它们与森林景观资源有机对接和融合，能够打造富有文化底蕴和文化背景的森林养生产品。

知识小课堂

回归田园：耕种是功课，土地是疗愈

互联网时代出现了很多新颖的职业，却也有一些人“返璞归真”，回到乡村，成为一名农夫。农民有一种什么职业也取代不了的底气，他们脚踩大地，深耕细作，自给自足，享受着土地带来的真实与奇妙。

香港 • 南丫岛：上岛种香草的设计师

阿捷和家辉是去绿田园农场当义工时认识的。那时候，阿捷是爱栽花草、逗小动物玩的室内设计师；而家辉则是刚刚接触有机种植的工业设计师。他们一起去老农田有机农场学习了耕种技巧，也在那里正式接触到香草植物。

2003 年，阿捷和家辉决定在香港的离岛南丫岛租下 3 亩（1 亩≈666.7 平方米）地，建造独立的有机农场香草原。农场里有蚱蜢，也有蛇。他们的理念是森林式耕种：通过混合种植方式耕种，能营造出森林般层次丰富的生态环境。这种耕种方式不仅能引来各种昆虫授粉，还能有效地解决虫灾问题。

香草园里有许多特别的设计，灌溉用的水池本身就是一个鲜活的“living machine”：从不远处的水井打来井水灌于此处，水池的表面浮着睡莲、水葫芦等水生植物，还有鱼、螺蛳等水生动物，动物的排泄物能为水生植物提供营养，水生植物反过来净化了水质。

香草农场不仅提供咖啡、花茶，还提供产自农场的盆栽、种子和手工皂。不同种类的花草茶能产生不同的功能益处，是不可多得的健康饮料。

台湾 • 宜兰：为家人赤脚种水稻的晓庄

因为医生建议身患糖尿病的母亲多吃糙米，老人却觉得糙米的口感不好，所以从职场辞职的晓庄在宜兰租下 30 亩地，用来种稻子。为了满足老人的需要，孝顺的晓庄开始寻找“好吃又健康”的糙米品种。一种是原始糙米，另一种是七分糙米，也就是去麸糙米。

听说晓庄去做农夫，已经开始实践耕种的朋友给他提出建议，指导他如何堆肥、如何提高土壤中的有机质、如何除虫除杂草。受过高等教育的晓庄在农业上决定“从头开始”，他改两季稻为一季稻，轮种田菁、油菜、向日葵，再翻进土壤，补充土地流失的营养。按照自然水系布局农田，从山上引下泉水，既灌溉了稻田，又从水质清澈的水渠里得到了健康活泼的螺蛳。

糙米的维生素 B_2 含量是精制米的七倍，同时，消化糙米的过程也能充分促进肠胃的蠕动，预防产生“小肚腩”。晓庄种植的原始糙米没有经过改良，他在种稻的同时，也保存了原生稻种的基因。晓庄关心的不仅是作物，也包含了土地与环

境。做了农夫以后的晓庄才更明白“谁知盘中餐，粒粒皆辛苦”的意思。一碗好米是可以慢慢嚼出滋味的，甚至不需要很复杂的配菜，就可以美味又健康。

上海·练塘：集装箱里的蓝莓工程师

宋全福来自呼伦贝尔，是一个乐观开朗的“草原人”。他决定种植浆果的原因源于遥远的故乡。宋全福说：“小时候经常吃一种野生的蓝莓，我们叫它‘都柿’。离开家乡以后，再也没有吃到过了。”于是，他卖了房子，决定种出让自己想念的味道。

宋全福在上海西南远郊盛产茭白的练塘（那里就连小馆子里红烧的小龙虾和鲫鱼也要配上几片茭白吊鲜）租下85亩土地。一个人单枪匹马地驻场打草，请来工人起高垄、挖沟渠。因为盖房子的申请迟迟没有通过，他干脆买来三只集装箱，请工人简单做了隔热，搬到农场中央长住。他慢慢习惯了窄小的集装箱作为起居空间，反而想起小时候跟爸爸去草原露营睡在很小的帐篷里，小而保暖。

因为是露天栽种，浆果园里的季节感分明。6月中下旬就开始进入蓝莓、覆盆子、黑树莓的集中出果期，秋天能摘到覆盆子的秋果，入冬后正式进入草莓季。宋全福的母亲也来“支援”他，开垦了一小片地，种了些蔬菜，放养了鸡和鹅。有时略得空，她还和朋友一起整理起居的区域，围一小块草场，砌一个花坛，种上几株凌霄花。在他们看来，什么都放下的时候，才能够真正体验到务农的乐趣。

（资料来源：植物网，2016-09-12.）

7.3 森林养生的发展模式

7.3.1 森林养生的发展方式

1. 森林浴

森林浴又称为环境养生，其疗养原理在于“森林环境＋森林漫步”，在森林环境中利用五感来感受自然的风景、声、色、触感、生命力，或利用森林气候（植物精气、负离子）、地形、立地效果来维持和增进人的身心健康。环境养生四季皆可，可分为“坐浴”“睡浴”的静疗法和“步行浴”“运动浴”的动疗法。

1）坐浴：如森林瑜伽，即静坐在茂密的树荫下，也可在草地上席地而坐，或宁静心神、做深呼吸，或聆听树叶沙沙声、小鸟欢唱。

2）睡浴：安神睡眠，如卧在林中的躺椅上，闭目养神，享受森林的安谧，使肌肤沐浴在森林温润的空气中，呼吸森林的纯净空气。

3）步行浴：在森林健康步道中散步，平心静气，呼吸森林中清新的空气，饱览景色，倾听小鸟的鸣叫声、小溪的流水声。

4）运动浴：在森林中进行各种康体运动，如单车骑行、慢跑、登山、打太极、参与相关森林经营活动等。

环境养生可以促进人体的新陈代谢，增强人体的抵抗力，消除精神紧张和视力疲劳。环境养生对患有高血压、神经衰弱、失眠、心脏病和呼吸道疾病的人群有确切的辅助治疗作用。

2. 温泉养生

森林温泉是以“森林环境＋自然温泉”为治疗原理的。天然温泉涌流出地表，温度常常高于 25℃，水中溶解了大量矿物质。在茂密的绿色森林中，沐浴着天然温泉，闭目休憩片刻，可以消除疲劳，神清气爽；坚持长期泡浴，水中的矿物质则会沉淀在皮肤上，改变皮肤酸碱度，还可刺激自律神经、内分泌及免疫系统。

温泉养生可以缓解疲劳，扩张血管，促进血液循环，加速人体新陈代谢，对各种皮肤病、关节炎，以及神经、消化、心血管等方面的疾病有明显改善作用。

3. 饮食养生

饮食养生是以“森林产品＋健康食谱”为治疗原理的。它是指合理利用森林中的植物资源，根据不同植物特有的药用价值，按照健康饮食规律，配制养生食谱，从而达到增进健康、保健养生的效果。

韩国山林特有的药用植物加工成的各种美食深受国内外游客的喜爱，成为韩国养生旅游推荐项目之一。日本以山芹菜、竹笋、蕨菜、山木耳等森林蔬菜作为养生食材，用来制作传统食物。

饮食养生适合城市亚健康人群，尤其是患有高血脂、高血压、高血糖的病人，以改变不良饮食习惯。

4. 文化养生

文化养生是以“森林文化＋心理疗养”为治疗原理的。它借助中华养生文化、民族养生传统的深度养生层次，是养气层次向养心层次的过渡与升华。文化养生是人们通过对文化的认知、感受、感悟、体验等，使文化元素在人的机体内产生反响，产生不同程度的心理和情感反应。积极的反应可以调节人体免疫功能，使人的身心在平和、舒坦、清雅、愉悦之中获得调适，形成和谐的心态，从而益寿延年。

文化养生适合工作、生活等压力较大及精神紧张的都市人群。

5. 医学养生

医学养生以“森林环境＋现代医学”为主要形式，充分利用森林独具的养生性能。医学养生分为健康评估类型和医疗度假类型两种。

健康评估类型的医学养生以森林景区为基地，可以没有自己的医疗机构，利用“IT＋健康＋旅游”的新模式，可与保险公司合作，由健康保险提供体检系列服务，与旅行社合作推出整体健康管理。健康评估类型的医学养生可与森林景区现有的养生资源相结合，融合林、温泉、茶等多种养生资源共同打造。

医疗度假类型的医学养生需要以一定的医疗条件和医疗技术作为支撑，需要配备医疗人员和具有医疗专业知识技能的导游，为游客提供交通食宿、医疗检查和养生度假等一条龙服务。

知识小课堂

森　林　浴

1. 中国的森林浴

（1）古代森林浴

中国人很早就开始利用中草药熏蒸人体以祛风祛病，现在的各种“香包”、衣箱里放置的熏香草、房屋地上铺松针等都是人们对植物精气的利用方式，也是森林浴的一种方式。

（2）现代森林浴

近年来，浙江天目山的森林康复医院、湖南桃源洞国家森林公园的负离子呼吸区、广东鼎湖山自然保护区的品氧谷等都是森林旅游目的地的热点，在广州流溪河国家森林公园、增城金坑森林公园、江西三瓜乞森林公园、湖南大熊山森林公园都建立了森林浴场、静养场、平衡神经调节场、视神经保养场、负离子呼吸区等多种形式的保健疗养旅游项目。

（3）台湾的森林浴

1984 年，刘华亭编译的《森林浴：绿的健康法》介绍了森林浴的神奇疗效，以及西方国家开展以森林浴为主的森林旅游情况。1992 年，林文镇出版了《森林浴：最新潮健身法》，详细介绍了中国台湾开展森林浴的情况。台湾开展森林浴的时间较长，研究森林浴的学者很多，医学、生态学、环境科学领域都有人研究森林浴，形成了相对完善的森林浴研究成果。其最大特点是研究了人们在进行森林浴过程中的生理变化及森林浴的进行方式。

2. 德国的森林浴

德国是森林浴的先进国家。德国的温泉保养计划已有近百年历史，森林浴是这个计划的一部分。1840 年，德国科学家创造了气候疗法，1865 年又创造了森林地形疗法，进一步发展为自然健身调养法。德国的南部和北部有森林浴疗养所，可以治疗“文明病”。

德国创造了一种枝条浴，又称骤雨浴，就是将大量枝条放置成一堆，用水从上至下猛冲，使其形成水幕，在水幕周边放置排椅，供沐浴者静养，疗效甚佳。

3. 欧美其他国家的森林浴

1962 年，法国科学家弗兰卡认为人体在大自然环境里会不知不觉地调整平衡神经，恢复身体节律，认为清新的空气及树叶、树干散发出的天然挥发性物质对治疗呼吸道疾病十分有利。

保加利亚的莫斯利安人爱看花瓣和树叶飘落，使血液中增加许多有利于血液循环的化学物质，因此当地百岁老人很多。当地从事森林浴的人很普遍。美国加利福尼亚州利用红杉木建立“红杉王国”进行森林浴。

4. 日本的森林浴

1982 年，日本引进德国的森林疗法及苏联的森林植物精气科学，开放了 92 处森林旅游区，大力倡导森林浴。目前，日本流行用原木装修房屋，使用不涂饰的原木家具，把森林的芳香引入生活的每个角落。

（资料来源：森林旅游工程技术研究中心，2016-10-15.）

7.3.2　森林养生的发展类型

由于养生及森林养生所包含的内容较为广泛，由此产生的产品类型纷繁复杂，基于森林资源及其赋存环境的特征与内涵，将其划分为保健型养生、康复型养生、饮食型养生、运动型养生、文化型养生。

1. 保健型养生

保健型养生是指人们沉浸在森林环境中，产生自然、放松、愉悦的身心状态，达到调节身心的目的。保健型养生主要通过人的肺部吸收森林植物散发出来的具有药理效果的植物精气和森林空气中浓度较高的负离子，达到改善身体状态的目的。保健型养生主要包括森林浴、负离子保健、植物精气养生、森林日光浴、温泉浴等项目。

2. 康复型养生

康复型养生充分利用森林环境对相关慢性疾病的作用，开展森林养生活动，可以达到防病、治病和疗养的目的。康复型养生包括森林养老养生、森林美容美体、心理咨询等项目。

3. 饮食型养生

饮食型养生是指合理利用森林中的植物资源，根据不同植物特有的药用价值配制食物。食疗、茶疗等饮食型养生可以增进健康，满足保健养生需求。

4. 运动型养生

运动型养生是指在森林环境中，人们利用各种活动来增强体质、减少疾病、促进健康，达到养生的目的。运动型养生有多种形式，如散步、慢跑、登山、劳动等。

5. 文化型养生

文化型养生以利用森林人文景观、森林文化展示体验等要素提供养生服务为主。它主要包括：游览了解森林人文景观、文化遗迹、佛道儒的寺观庙院等，给人以启迪；森林资源及景观的变化使人领悟生命和谐的真理；在森林环境中学习实践佛道儒的养生养性功法，开阔视野，使生命质量得到提升。文化型养生包括“八段锦”、“易筋经”、禅修、太极、瑜伽、森林冥想等项目。

7.3.3 森林养生发展案例：四川玉屏山森林养生基地

据史料记载，玉屏山因其山形似屏风，而以玉屏名之。明朝诗人沈行曾写下“林海阔天际，万木风萧萧。东瞰锦城近，西望贡嘎遥。连嶂堆翡翠，深谷束鲛绡。峨眉岂独秀，玉屏一山娇”的优美诗篇。玉屏山森林康养基地不仅是四川综合条件较好的森林康养示范基地之一，也是2015年首届中国（四川）森林康养年会的主会场，更是四川省养老与健康服务产业规划“支撑产业重点项目”之一、四川省首批森林康养示范基地，由洪雅巴登黑森林投资有限公司(以下简称巴登公司)、洪雅林场和四川明科健康管理有限公司（以下简称明科公司）共同打造。

在四川省林业部门的指导下，玉屏山森林康养基地将整合四川最优越的硬件资源、最优质的服务，制定适合多种人群的森林康养套餐。

玉屏山森林康养基地属于瓦屋山国家森林公园，占地2万亩，森林覆盖率在98%以上，年平均气温为16℃，负离子含量高达每立方厘米6～8万个，PM 2.5

几近于零，与大城市的空气质量形成了天壤之别。区内山势峻峭，陡崖环绕，溪谷幽深，飞瀑流泉众多，高山湖水荡漾，人工森林浩瀚，生物多样性完好，森林生态系统健康，佛寺遗址、摩崖石刻历史悠久。

1. 为体验者提供纯天然食物

玉屏山森林康养基地向体验团成员提供的食物全部来自纯净的大自然，健康无污染。在这里，人们不必担心蔬菜是否有农药残留、肉制品是否被激素催生。天然种植的蔬菜及放养的鸡、鸭、羊、牛制成的美食获得了体验团的一致好评。

2. 森林浴

次日早间，专业康养师带领体验者在草坪上做全身舒展运动，随后开始两个多小时的“森林浴”项目。清晨的森林静谧祥和，体验者呼吸着芳香沁润的空气，看着满目的翠绿，聆听着山泉叮咚，沉醉在这“世外桃源”里。在专业森林康养师的带领和指导下，体验者面朝山崖大声呐喊，喊出上班族连日来生活和工作重压下的烦闷忧郁，既畅快淋漓又排减压力，更舒缓紧绷的神经，体验者会立刻感觉到身心的愉悦。

3. 禅茶禅修项目

禅茶禅修项目是玉屏山森林康养基地最新引进的内容。在专业森林康养师的指导下，体验者盘腿而坐，闭上双眼，和心灵进行对话。禅茶项目将泡茶的十二道工序，变成十二种修行，有供养、感恩、包容、分享，有品茶参禅、品茶品心等。悠远的禅乐，配以茶艺师端庄典雅的禅茶表演，集茶道、音乐、养生于一体，在清洁高雅的禅茶氛围中，让体验者心平气和，感受心灵的宁静。

4. 富含植物精气的森林步道

玉屏山森林康养基地拥有优质的生态康养体系，长达4 300米的森林步道沿途植物种类众多，生物多样性完好，森林生态系统健康。森林中的植物以柳杉为主，该植物能释放大量的植物精气。植物精气在生理上，对呼吸系统有相当好的协助作用。因为它能去除空气里的尘螨，对身体的循环系统、内分泌系统起到间接的协助作用，以达到调整身心均衡的目的。在心理上，植物精气也代表了人与大自然的联系，久居都市的人来到森林，深呼吸一口气，会觉得自己更清新且充满能量。所以，植物精气可以帮助人们提振精神、改善心情、纾解郁闷。

5. 为不同体验者设计不同康体套餐

针对老年人关注养生、抗衰老和慢病康复，中年人关注运动、亚健康和职场减压，青少年喜爱自然教育与体验极限运动、时尚交友，玉屏山康养团队为不同年龄段和不同身体状况的人群设计了不同的森林康体套餐。

6. 森林康养产业发展要素的对接

（1）医疗资源对接

巴登公司和明科公司已经编制方案，推动华西医院在玉屏山森林度假区的184亩建设用地范围内，建设华西医院附属玉屏山森林康复医院。在中医药方面，玉屏山森林康养基地与四川省中医药研究院、成都中医药大学合作，共同探索森林康养的未来发展之路。

（2）养老资源对接

玉屏山森林康养基地打造社区老年人日间照料中心及连锁型老年康复护理医院。

（3）亚健康及慢病康复服务资源对接

玉屏山森林康养基地对接连锁诊所（百汇吉）、体检机构（雅威、国宾）、慢病康复公司、美容院（莎蔓莉莎、虞美人）、婚庆协会等服务资源，进入森林康养基地开展特色化、个性化服务。

（4）教育资源对接

原四川省林业厅和四川省教育厅联合，将玉屏山森林康养基地建设为青少年自然教育基地。四川省教育厅也是《四川省森林康养“十三五”发展规划》的联合编制单位。

（5）公益组织资源对接

玉屏山森林康养基地联合中国红十字会行者基金会、四川省青年志愿者协会等在森林里长期、系统地开展自然教育活动。

（6）联合营销资源对接

玉屏山森林康养基地还积极联合攀枝花普达阳光国际康养度假区、花舞人间景区等其他康养项目，实行优势互补、资源整合，实现规模化、集群化发展。具体来讲，玉屏山森林康养基地与其他康养组织或景区实行客群资源共享、服务人员淡旺季互换、支付上对换互联等举措，来进行资源互补。

（7）健康管理大数据建设对接

依托中国科学院微电子研究所等既有技术平台，和明科公司谭建三教授团队共同建设森林康养健康数据管理中心。

（8）文化资源对接

玉屏山森林康养基地对接林业部门的宣传部门、摄影协会等。玉屏山森林康养基地计划把熊猫作为森林康养的形象大使，作为人类与自然和谐共生的代表。中华文化和中医药将是中国森林康养独有的内涵。

（9）森林康养基地对接社会机构

2016年3月，通过四川林业工会、四川省林业医院、洪雅林场等，玉屏山森林康养基地等主动走向社会，提供生态服务，把森林康养服务产品推广到四川省总工会、老干部管理局、四川各地（市、州）医疗机构、各大企事业单位。

（10）森林康养媒体宣传对接

2016年4月，在2016中国（四川）第二届森林康养年会启动之际，玉屏山森林康养基地向社会介绍四川森林康养一年来的推进成果，将各板块的服务资源推向社会进行招商。和《绿色天府》、重庆报业集团《健康人报》、成都《天府早报》、成都纵横天下文化传播有限公司、成都好多熊猫实业有限公司等合作，开展森林康养媒体宣传活动。

7.4　森林养生的发展原则与思路

7.4.1　森林养生的发展原则

我国森林养生基地的发展应依托自身优势和特色，加快提质升级，更好地融入国家重大战略，推进现代林业建设进程，践行“两山”理论。

1. 服务于国家生态文明战略

党的十八大提出把生态文明建设上升为国家战略。森林养生基地的发展，应把握国家推进生态文明建设的总体要求和原则，坚持把保护生态资源、弘扬生态文化、实现兴林富民作为发展的核心任务，在实现生态、社会、经济效益的同时，不断壮大生态文明建设的力量。

2. 服务于国民旅游休闲需求

我国旅游业保持跨越式发展态势，到2030年将实现年人均出游达8次以上，全民休闲时代已经来临。作为我国旅游目的地的重要类型，森林养生基地的发展应顺应旅游业发展的新趋势和新要求，进一步扩大森林养生的内涵和规模，丰富森林旅游产品体系，以满足日益增长的国民休闲需求。

3. 服务于国土空间战略布局

加快实施主体功能区战略是优化国土空间发展格局的重要途径。森林养生基地作为全国主体功能区划中的禁止开发区域，应始终坚持“生态保护优先”的原则，严格控制人为因素对自然生态系统原真性、完整性的干扰，使森林养生基地成为全国主体功能区布局中禁止开发区的战略点。

4. 服务于新型城镇化发展需要

绿色发展是新型城镇化建设的重要方式。森林养生的发展，应服务于国家新型城镇化进程中加快绿色城市建设的需要，通过积极发展城镇森林养生基地，不断扩大城市生态空间，增加森林面积，形成以森林为主体的城市森林生态系统，拓展城镇居民的户外游憩空间。

7.4.2 森林养生的发展思路

1. 明确发展森林养生的宗旨

森林养生作为一项社会公益事业，承担着保护国家重要森林风景资源和为社会公众提供良好户外游憩空间的重要任务。发展森林养生可以进一步强化森林公园在自然保护体系中的地位与作用，使森林公园成为森林风景资源保护的重要阵地、生态旅游的重要场所、兴林富民的重要途径、弘扬生态文明的重要窗口，为推进生态文明建设和建设美丽中国做出新的贡献。

着力构建森林养生基地完整的管理体系、健全的发展体系、发达的服务体系和完善的保障体系，可以实现森林风景资源的有效保护、科学管理和合理开发利用，形成布局合理、类型丰富、功能完备的空间格局，使森林养生基地传播生态文明、满足休闲需求、增进生态福祉和改善民生的功能更加显著，森林养生基地建设和项目发展实现健康、可持续发展。

2. 明确发展森林养生的目标

建立较为完善的森林养生发展格局，使森林养生基地成为林业服务新型城镇化建设的主要抓手、生态修复治理的重点内容、城市森林建设的重要载体、城乡一体化生态系统修复的重要组成部分。通过建设森林养生基地，让森林走进百姓生活，共享林业发展成果，培育人们尊重自然、顺应自然、保护自然的意识，满足绿色城镇和宜居城镇建设的需求，满足城镇居民日益增长的健身、休闲的需求。

（1）近期目标

发展森林养生的近期目标：优先在全国主要省会城市、经济发达地区和森林资源丰富地区发展森林养生基地；制定并推广森林养生基地申报、考核国家级标准，各地根据实际情况编写基地详细管理标准；提升森林景观质量，加强森林养生基地基础设施、健身游憩等设施建设力度，满足参与者森林养生的需求；加强科普宣教平台建设，开展自然教育和森林文化体验活动，增强公众的生态文明意识。

（2）远期目标

发展森林养生的远期目标：全面推进森林养生基地的发展，基本实现5万常住人口以上城镇均建设有1处以上森林养生基地，构建覆盖全国的森林养生基地体系，普遍增强森林养生的发展能力；完善森林养生基地的基础设施、生态设施、健身游憩设施建设，满足各类参与者森林养生、森林教育等的需求，增加居民的生态福祉。

3. 明确发展森林养生的重点

发展森林养生的重点从过去的将森林开发与一般的旅游产业发展混为一谈，重建设、轻管理，重旅游开发、轻资源保护的做法转变为侧重基地评价标准、基地建设、产业发展、森林解说等方面。

（1）制定国家级森林养生基地评价标准

在森林养生基地的认定过程中，要依靠政府的行政干预对森林养生的发展进行科学规范，建立并完善开发与运营的结构体系。评价标准，主要包括自然条件（资源条件、通达性、基础设施、自然环境）、服务条件（森林养生项目、当地居民接受状况、宣传营销、接待设施、特色项目）和安全条件（管理的规范性、体验器材质量、食品安全、森林立地环境安全）。国家级森林养生基地评价标准是地方级标准的重要参考。分阶段、分区域地在全国建设一批森林养生基地，总结经验，逐步推广。

同时，联合相关部门成立专门的审查委员会，按照既定标准对森林养生基地进行统一的审查和评选，使森林养生基地建设与管理的发展更加规范化。我国的森林养生开发才刚刚起步，为了规范该项活动，应该预先制定相关标准，防患于未然。

（2）推动全国森林养生基地建设

森林养生将是今后一个时期我国森林旅游发展的重要方向之一，通过试点建设，将逐步探索森林养生基地建设的思路和路径，为全面推动森林养生发展，进一步提高行业管理水平和基地运营效率打下扎实的基础。

2016年2月26日，国家林业局森林旅游管理办公室下发《关于启动全国森林体验基地和全国森林养生基地建设试点的通知》。该通知要求，各地要对推进森林养生发展的相关情况进行调查登记，认真做好全国森林养生基地试点单位的遴选和推荐工作。此举标志着林业主管部门推动的森林养生基地试点建设工作正式启动。

（3）鼓励森林养生相关产业发展

据报道，美国家庭收入的1/8用于森林游憩，每年的总花费约为3 000亿美元；在日本，每年有8亿人次进行森林浴；德国提出了“森林向全民开放”的口号。亚太地区的许多国家也同样着力发展与森林养生相关的产业。在我国大力推动林业转型的新形势下，着力开发与森林养生相关的教育、户外、传媒等产业，构建森林养生产业体系，成为森林养生发展的新亮点。

根据国际大多数研究机构的分类方式，全球养生经济由以下几个板块构成：水疗产业、养生旅游产业、温泉和矿泉产业、美容和抗衰老产业、补充/替代医学产业、预防和私人健康定制服务产业、养生生活房地产业、公司和职场养生产业、健康饮食和营养学及纤体产业、身心健康和健身产业。这几个板块之间互相重叠交叉，共同构成了全球养生产业3.4万亿美元的经济体，其中养生旅游行业产值为4 940亿美元，是重要的组成部分之一。作为养生旅游的重要组成，森林养生产业的发展潜力不可限量。

（4）建立森林养生指导者认证体系

为了合理规范地开展森林养生活动，政府及相关机构还应该积极制定森林养生指导者培养与实训的标准，推行全国统一的考核机制。2005年，日本正式开始实施森林疗法指导者鉴定考试，报名考试的人数超过千人。报考者经过两次考试，合格后就能够从事相关的林业养生体验活动的指导。森林养生指导者的称职与否往往决定了该项活动质量的高低。日本通过对养生指导者的培训到考核，进一步规范了日本森林养生体验活动的指导，为今后森林养生体验活动的开展奠定了坚实基础。

森林养生指导者是开展此项活动的组织者与执行者，在一定程度上决定了森林养生活动的成败。加强森林养生专业人才的培养，可为持续开展森林养生活动提供智力保障。森林养生是一项综合性活动，培训专业性人才从事此项工作甚为重要。借鉴日本和韩国经验，我国建立完善的森林养生服务人员资格认证、培训体系，定期培训、不定期考核，为森林养生者提供科学有效的体验和养生指导。

（5）建立森林养生专家库

森林养生依赖于人类健康福地的天然禀赋，以及源远流长的文化资源，只有专业人士根据生态和生命的发展规律设计符合不同人群生理、心理特征的森林养生产品，针对不同参与者提供有针对性的养生项目，才能够引导森林养生基地科学有效地开展养生活动。

成立森林养生专家组，开展与森林养生相关的定性与定量研究，挖掘森林养生的自然与文化资源，开展专家讲座、现场交流、专业培训等活动，鼓励专家与一线森林讲解员、森林养生工作者的交流互动。

4. 明确发展森林养生的保障

建立适应区域情况的、有利于森林风景资源保护和森林养生发展要求的保障机制，使森林养生发展能够有序进行。

（1）加强对外交流，做好国外先进经验的引进、吸收和转化工作

森林养生是经济社会发展的必然产物，它体现了人们对人与自然关系认识的提高，体现了人们在基本的物质生活条件得以满足后，对生活品质和精神文化领域的更高追求。在德国、日本、韩国等发达国家，发展森林养生已经具有几十年的历史，甚至已经成为青少年成长过程中的一门“必修课”，成为现代生活的一个重要组成部分。这些国家在探索发展森林养生过程中积累了丰富的经验，值得我们学习和借鉴。各地要加强与相关国家和地区的交流，积极引进先进理念、成功经验和做法，并积极推动双边和多边合作。同时，要根据我国的国情、林情和各地实际情况，有创造性地推动森林养生发展，避免照搬照抄、千篇一律。

（2）加快硬件、软件建设，高起点、高标准推动森林养生发展

有条件的森林公园、湿地公园、林业系统自然保护区及其他类型森林旅游地应做到以下方面：第一，要把发展森林养生纳入总体规划，大力加强硬件、软件建设，积极打造高质量的森林养生产品。第二，要根据森林旅游地的不同特点，明确森林养生发展的主要方向、建设重点和功能布局。要在观光体验的基础上，不断拓展和提升人们在认知、运动、生产、生活等方面的体验机会，增强游客参与性，提高满足感。第三，要把加强对未成年人的自然教育作为森林养生的重点，结合对中小学生的自然教育要求，把森林旅游地建设成为对未成年人进行自然知识普及和生态道德教育的最生动的课堂。第四，要在开展一般性休闲游憩活动的同时，为人们提供各有侧重的森林养生服务，特别是要结合中老年人的多样化养生需求，构建集吃、住、行、游、娱和文化、体育、保健、医疗等于一体的森林养生体系，使良好的森林生态环境真正成为人们的养生天堂。第五，要加强森林体验中心（馆）、森林养生中心（馆）、森林浴场、解说步道、健身步道等基础设施建设，完善相关配套设施。第六，要加强人才队伍建设，注重各类专业人才培养，建立志愿者队伍，不断提高相关工作的科学性、专业性，不断提高各项活动的组织管理水平。

（3）加强组织领导和扶持力度，推动森林养生的规范快速发展

各级林业主管部门应做到以下方面：第一，要加强领导，认真研究，积极探

索，不断创新森林养生发展的新方式、新路径。第二，要大力加强制度化、标准化建设，引导森林养生事业的规范、有序发展。第三，要在推进国（境）内外交流的基础上，逐步形成中外合作的长效机制，不断推进在政策、规划、标准、培训及森林养生产品等领域的深度合作。鼓励有条件的森林旅游地与国（境）外相关单位缔结姊妹关系，促进人员往来和业务合作。第四，要把发展森林养生作为各级林业基本建设、林业产业扶持、林业重点工程、林业信贷等的重要支持方向，积极争取相关中央投融资项目和地方财政支持，鼓励社会资金依法进入森林养生产品开发领域。第五，要在完善相关制度、标准的基础上，建立一批森林养生基地，不断提高专业化服务水平，更好地满足人们日益增长的森林养生需求。

7.5 森林养生的市场开发

7.5.1 以富有特色的森林养生产品加入市场竞争

大多数消费者知道森林养生的重要性与意义，但是要怎样利用森林环境来进行养生，什么是有趣的、真正健康的养生却在消费者的心中留有疑问。因此，森林养生中心在森林养生类产品开发上应提供具体的、适宜的、健康的产品（表 7-1）。

表 7-1 森林养生的类型及模式

模式	内容	开发项目
保健型养生	利用森林资源及环境（氧气、植物精气、阳光、负离子等）改善身体状态，提供养生服务	森林浴、温泉浴、负离子保健、植物精气养生、芳香疗法等
康复型养生	利用森林环境对相关疾病的康复与医疗效果，达到防病、治病和疗养的目的	绿茵疗法、森林养老保健、森林美容美体、心理咨询等
饮食型养生	合理利用森林的植物资源，根据其不同的药用价值，配制食物，获得保健养生需求	食疗、茶疗等
运动型养生	依托森林环境，利用躯体的活动来增强体质、减少疾病、促进健康，达到养生的目的	散步、慢跑、登山、劳动等
文化型养生	通过森林的物候变化领悟生命的真理，并在森林文化与环境中学习佛、道、儒的养生养性，使生命质量得到提升	“八段锦”、“易筋经”、禅修、太极、瑜伽、森林冥想等

此外，在设计养生产品时，我们可以在养生地中单独规划出中医药养生区。在区域内种植适合生长的中医药材，围绕这片区域，开展中医药材认知与科普活动，并形成“种植—采摘—生产加工—中医药产品”开发模式，以此满足森林养生市场化的需求，形成完整的中医药养生产业链条。

知识小课堂

中医药＋旅游，养生旅游走向产业新时代

当今社会，人们对旅游品质的要求不断提高，走马观花、拍照留影式的疲劳旅行已逐渐被观光休闲、养生保健替代。2015 年，国务院办公厅下发的《关于进一步促进旅游投资和消费的若干意见》中明确提出要发展中医药健康旅游，推出一批以中医药文化传播为主题，集中医药康复理疗、养生保健、文化体验于一体的中医药健康旅游示范产品。中医药养生旅游产业已引起政府和社会各界的关注。

1. 中医药养生旅游的发展现状

原国家旅游局、国家中医药管理局一项 24 个省（自治区、直辖市）中医药健康旅游服务情况调查显示，共有 450 多个景区点、度假村、宾馆等机构，90 多个中医药机构从事、开展或参与中医药健康旅游服务，普遍开展的项目有足部保健、按摩、温泉、药浴、药膳、中医美容、理疗等。

服务产品主要有体验中药传统膏方、药膳、药酒、养生茶制作，品药膳、中药保健茶，传授中医康体养生方法、健身操训练，辨识真伪劣珍稀中药材等。服务商品主要有中药材、中草药配方、中医保健食品、中医药保健用品等。有 15 个中医医疗机构正在开展入境中医医疗旅游服务项目。

越来越多的省份着手以养生和旅游相结合，打造中医药养生旅游项目和产品，以北京、广东、陕西、海南等省市为代表，体现不同的地域特色的中医药养生旅游正形成一定的规模，受到广大游客的肯定。

北京不仅是国内旅游业发展前沿之地，且传统中医历史悠久，其中医院与旅游景区相结合的医疗旅游更是国内中医旅游较早的典范。北京市中医管理局遴选出一批中医药文化旅游示范基地，其中包括北京市鼓楼中医医院京城名医馆、北京中医药大学中医药博物馆等 21 家单位，形成一批体现北京中医药文化特点的旅游服务项目。

广东省中医药局与广东省旅游局联手，评选出首批 19 家“广东省中医药文化养生旅游示范基地”，率先在全国打响“中医药文化养生旅游”的品牌，探索和推动中医药文化养生旅游的产业化发展之路。

陕西咸阳依托传统中医保健资源和丰富的地热资源倾力打造“中国第一帝都、养生文化名城”的品牌形象。

海南提出打造国家级中医康复保健旅游示范基地，建设国际科学养生岛，发展养生旅游。其中，三亚中医院推出的“中医疗养游”受到国内外游客的推崇。

2015年，中国国际中医药大健康博览会学术委员会专家也认为，突出重点资源、定位明确，相信中医药养生旅游的兴起必将成为推动中医药可持续发展的新的战略机遇。

2. 中国养生旅游示范基地

（1）广东中医药博物馆

广东中医药博物馆位于广州中医药大学大学城校区内，其室内展厅占地8 000平方米，室外中草药种植园占地55 000平方米。馆藏体现中医学的发展历程的医史文物5 000余件，中药标本2 400多种1万多份，室外药圃栽种中草药2 200多种。

作为广东省内中医药最专业的博物馆之一，广东中医药博物馆是近距离了解中医药理想的地方之一。通过博物馆的各种标本展示和互动教学环节，培养游客对中医药的兴趣。

（2）梅州南药基地

第一批的广东省中医药文化养生旅游示范基地中梅州就有两个，分别是广东南台药业有限公司（以下简称南台药业）药材基地和颇有知名度的雁鸣湖。此外，梅州风景名胜众多，联游实在是不错的选择。南台药业位于梅州市平远县内，是一家集中药材种植、中药饮片加工、中药保健食品、保健用品生产和中药研发等于一体的中药企业，同时具有中医药文化养生旅游的功能。其拥有8个中药材种植和种子种苗繁育基地，种植了一批紧缺濒危的野生南药。

（3）珠海逸丰生态养生园

珠海市斗门区莲洲镇红星村的逸丰生态养生园是一个以种植和加工铁皮石斛为主要产业的现代生态农业园。逸丰生态养生园被列入了第二批广东省中医药文化养生旅游示范基地，这里的铁皮石斛种植基地首期已建成铁皮石斛种植大棚40个。在这里，游客可以品尝到鲜榨的铁皮石斛原汁。此外，园区也有设置“草药园”，让游客可以学习辨识近百种草药，如说山茶花、狗尾草、山韭菜、马齿苋、凤尾草……这些耳熟能详的草和花其实都是中草药。此外，特别种植的名贵鲜花、空气清新的田园、淳朴的民风、乡土美食都会令人流连忘返。

（4）神农草堂

神农草堂按照中医的“内经图”进行整体设计，倚靠白云山，是一家融“天然”和“文化”于一体的半敞开式中医药博物馆。与一般岭南园林不同的是，神农草堂用于绿化的草木均有药用价值，从最毒的一剑封喉、断肠草到老广煲凉茶常用的鸡蛋花、罗汉果，再到中医常开的藿香、薏苡仁等，神农草堂中草药超1 000种，所以，边逛边认识中草药，是游客到这里的必做之事。神农草堂内还新建了全国首个以青蒿素为主题的中医药展馆——青蒿呦呦馆，主要以中国科学家屠呦呦发现青蒿素获诺贝尔奖的事件为背景，向公众展示研发青蒿素这一成就背后的智慧与艰辛。

3. 发展中医药生态健康养生旅游项目的注意事项

1）遵循可持续发展原则。要合理、科学地规划、管理旅游资源，促进当地社会经济的发展，并不断地保护和改善旅游环境，提高旅游服务水平，使游客在旅游过程中不仅能充分地享受游娱之乐，更重要的是能使游客在天人和谐的良好气氛中接受传统文化教育，提高游客的健康、生态环境意识，使旅游业的发展与环境保护能够互相协调促进。

2）提升养生旅游价值。旅游产品的特色是吸引游客的基础。因此，养生旅游要以资源为依托，运用新思维、新主题、新体验，为既定的资源或形式注入生机与活力，实现艺术体验与旅游资源的完美结合，将创意和体验转化为游客吸引点，体现出“独一无二”的味道，提升养生旅游产品价值。

3）打造养生旅游品牌。世界经济发展已经进入品牌经营时代。提升强势品牌和知名品牌，既是形式所逼，也是机遇所在；既是开放之举，也是发展之路；既是竞争必需，也是生存必要。现代旅游业的竞争，更是精品和品牌的竞争。品牌的优势正在成为旅游业发展的最大优势，为此要做好“准确定位旅游形象，做好品牌营销，开展区域联合，提升品牌文化内涵”工作。

（资料来源：森林旅游工程技术研究中心，2016-09-20.）

7.5.2　森林养生的市场开发宣传策略

1. 确立森林养生目的地形象定位

森林养生目的地通过各种传播途径将景区具有代表意义的要素资源信息传递给潜在游客，从而使游客对景区产生预期的感受，形成对景区的综合印象，从而实现景区形象的塑造推广，并将景区的主题形象留在游客的心目当中。

森林养生目的地形象定位是建立或塑造一个与目标市场有关的品牌形象的过程，是森林养生目的地形象设计的前提与核心。形象定位要使森林养生目的地深入潜在的游客心中，使森林养生目的地在游客心中形成生动、形象、鲜明而强烈的感知形象。

森林养生目的地形象定位的方法可采用领先定位、比附定位、逆向定位、空隙定位和重新定位等方法。领先定位是最容易的定位方法，适宜于那些具有一定垄断地位且不易被模仿和替代的事物或资源；比附定位采取“优次”原则，定位中借助第一位的“形象优势”抢占次席；逆向定位采取“反其道而行之”的策略，设计、强调和宣传游客心目中第一位或者强势形象的对立面或者相反面；空隙定位就是补缺，寻找产品形象还未占领的领域及时进入，策划自己与众不同的产品形象，冲击原有形象序列，达到开辟新形象的目的；重新定位就是另起炉灶。

2. 森林养生目的地形象传播策略

森林养生目的地形象塑造，如果不通过有效的传播，就无法给游客形成深刻的印象，进而激发其出游的兴趣。随着新一代游客的产生和各种媒体的出现，旅游目的地传播策略也出现了新的发展。

（1）整合营销

整合营销传播理论（integrated marketing communication，IMC）：“整合营销传播是一个营销传播计划的概念，即通过评价广告、直接营销、销售促进和公共关系等传播方式的战略运用，将不同的信息进行完美的整合，从而最终形成明确的、一致的和最有效的传播影响力。”

森林养生目的地整合形象营销可以通过拍摄电影，唱响一首主题歌，编制有关导游丛书、文化丛书、摄影丛书等，以电影、电视、广播、印刷媒介、体育活动、旅游和探险、艺术展、音乐会、主题公园等相互融合的各类形式来实现整合营销。

（2）协同营销

协同营销寻求一种合力，谋求与其他目的地的协同促销，全方位联动。森林养生的发展，要依托大背景经济区的优势，发展区域旅游，通过制定科学的旅游线路，将其纳入旅游大系统里，以扩大客源。目的地内各景区也利用各自特色相互协调，联合宣传促销，树立目的地整体旅游形象。通过共同分担营销费用，协同进行营销传播、品牌建设、产品促销等方面的营销活动，以达到共享营销资源、巩固营销网络的目标。

（3）品牌营销

品牌是现代营销理念的核心和灵魂，品牌作为吸引消费者的重要因素之一，应该全面简洁地向消费者传递本身所代表的独特形象和森林养生产品吸引力。塑造目的地品牌不仅有助于提高知名度，还为目的地的发展确定了方向。森林养生品牌塑造是一个重要的环节，以通俗易懂而又内涵丰富的寥寥数语勾勒出森林养生的理念核心。

（4）网络营销

利用互联网可以更好地实现各项网络营销的职能，为提升森林养生的形象、品牌价值，提高整体竞争力提供支持。进行网络营销的核心思想是通过合理利用互联网资源（如网络营销工具和方法等），实现网络营销信息的有效传递，为营造有利于森林养生营销形象的环境奠定基础。

（5）通信营销

通过信函、传真、电话、短信、E-mail 及 QQ 等，与客源地游客进行联络。随着移动通信业务的发展，短信业务早已融入人们的日常生活，并形成一种独特的短信经济现象。目的地可开发以营销服务为目标的短信互动平台，用富有特色的宣传口号将森林养生地独特的形象介绍给消费者，缩短距离，增强互动，来提高消费者的满意度及忠诚度。

（6）视听营销

视听营销在形象设计中，应突出森林养生目的地标徽、标准字体、标准色、象征性吉祥物、森林养生目的地纪念品、办公及公关用品、指示类应用设计、广告、森林养生地服务人员的形象等视觉符号；设计手提宣传袋、统一的名片、台历和贺卡、风光扑克牌、森林养生目的地精品线路册、多种语言的对外宣传册、贺卡纪念品、邮票纪念册等；在目的地车站，主要交通口、街头、主要景区、景点等闹市区设置大标语或者广告标牌等，在各大宾馆、饭店设置目的地形象的风景画，不断加深消费者的印象，在目的地和客源地免费发放主题形象明信片；此外还可以制作与森林养生目的地相关的歌曲，制作反映目的地特色的视频在主要宾馆、饭店滚动放映。

（7）博客、数字化营销

博客营销是口碑营销的一个重要手段，各营销主体通过在网络上开设博客，与网络公司合作开发出一套以形象（包括图片、背景音效等）为主要页面元素的博客模板。通过发布推广，鼓励网民选用这一博客模板建立自己的个人博客，选用这一模板的网民，经身份核对有效，可获得森林养生目的地门票优惠、获赠体验或养生活动等回馈。另外，可以通过举办博客摄影、博文形象大赛等数字化手段进行营销。

（8）影视营销

随着影视产业的迅猛发展，影视作为城市营销的重要载体，被世界各国广泛运用。国内外著名的大型城市、旅游城市及各类盛世活动的开展都积极利用影视来推广目的地形象和活动。影视营销可以有效地推广森林养生目的地的直观形象，如我国的著名景点张家界通过《阿凡达》向世界展示了其怡人的自然风光。森林养生地可以将影视剧拍摄作为形象营销新方式与传播工具，通过拍摄的影视剧传送森林养生目的地形象和信息，获取商业与市场价值。

（9）节事营销

通过举办诸如大型节事活动，邀请目的地主要客源地的旅游批发商、零售商和媒体记者（旅游栏目）、作家、摄影家来采风，开展体验活动，举办摄影、征文、口号征集大赛或与栏目合作举办大型演出活动等，增加曝光度和影响力。注重回头客的培育，如可以通过“我与目的地有个约会”活动，让游客在森林养生区内认养小树，并颁发认养证书，几年后可凭证书回到森林养生地，免费进行一次体验或养生活动。

3. 有效进行游客体验管理，提高养生产品的体验度和满意度

（1）分析游客的体验世界

当前，许多新的旅游者在注重旅游产品质量的同时，会更加注重情感的愉悦和满足。同样，森林养生也需要在注重养生活动质量的同时，更加注重养生游客情感的愉悦和满足。养生游客已不满足于他们在活动过程中获得新鲜感、亲切感，还希望获得更多的、之前在传统旅游或出行活动中未能体验和感受到的愉悦和满足。

相关引导人员、解说人员和担任向导的工作人员，在对森林养生游客服务的过程中，不仅要最大限度地满足他们的养生要求，还要在这个过程中不断进行观察，随时了解养生游客的心理活动和需求，以便提供更好的服务。

（2）建立消费者体验平台

贝恩特·施密特指出，体验平台是规划战略与具体实施之间最主要的连接点。它既包括动态的、多重感受的体验定位，也显示出消费者能够从产品和服务中希望获得的价值承诺。

首先，作为养生者到森林养生目的地的诱因是基于想要体验和感悟森林之美，解放身心。由于此前所有消费者都曾经与森林、自然有过频繁接触和体验，对于森林养生目的地的环境在心中都有不同程度的一个概念和印象存在于养生者的认知世界。其次，为了凸显森林养生目的地的不同之处与特色点，需要森林养生目的地建立起消费者体验平台，以此来展示森林养生目的地的独特之处。这不仅可以成为森林养生目的地的门面，还可以成为与消费者沟通的桥梁。

（3）设计森林养生品牌体验

在确定了体验平台后，就必须付诸实施。品牌体验包括品牌产品的特点和文化内涵，能够吸引消费者的看点、感受点、体验点与新颖点，以及适当的体验信息、营销活动、营销宣传和整体形象。其中需要特别注意的是，由于森林养生特殊的消费体验性质，森林养生的品牌形象具有生态友好、文化友好、社区友好的特点是十分重要的。

森林养生目的地能够给消费者带来的是积极的正感体验，非常有利于消费者与森林养生地建立积极关系，使消费者在未来考虑再次进行体验。但前提是森林养生目的地从业人员必须能给消费者积极的、正面的服务，树立森林养生地的整

体品牌形象。这样消费者才能够在制订下次出游计划的时候，将森林养生地作为备选甚至是最终目的地。

设计森林养生品牌体验首先要从整体的形象出发，使品牌的整体形象得到提升。使品牌整体形象得以提升的途径是从森林养生目的地的产品和服务的形象出发。一方面，加强员工的素质与服务质量；另一方面，产品的设计要充分展现出体验性、感受性及愉悦性。

（4）建立与消费者的接触

旅游学者墨迪惠认为，当地对一个项目发展的支持是目的地创造友好氛围的关键因素。而只有当这个氛围达到一定程度的时候，才能使森林养生地的经营环境最为适宜。研究当地居民的态度和感受依赖于三个层次的影响：一是消费者与经营者互动的类型；二是森林养生地对于个人的经济重要性；三是当地居民能够承受的接待容量。如果当地居民得到一定的补偿，那么可以容忍因森林养生地经营活动带来的麻烦和不便。所以经营者的友好是可以理解的，他们能够分享发展所带来的利益，但是如果居民无法真切地感受到其获得的利益，就无法形成“生态友好、文化友好、社区友好”的品牌形象。森林养生的经营需要创造一种有利于各个利益群体和谐共赢的环境。

对于森林养生市场而言，维系当地居民与消费者一样重要。前者贡献的社会价值超过经济利益，是保证森林养生长期发展的内在动力；而后者所提供的经济价值一样不可忽略，森林养生需要通过各种营销策略不断开发这个市场并争取能够培育更多的忠诚消费者。在这个过程中，应以一种平等的姿态与森林养生消费者建立亲密接触，使消费者能够更真实地接触产品，感知森林养生品牌带来的价值体验。

（5）致力于不断创新

品牌来自于不断地强化和创新。虽然森林养生刚刚在国内起步，对消费者具有一定的吸引度。但是也正是由于这个原因，消费者对森林养生这个品牌的了解不够，需要给品牌树立良好的口碑，以此来树立良好的市场形象。

创新是所有企业与产品发展的源泉与活力，同样的，森林养生基地要想长久地发展与壮大，必须不断地对森林产品进行创新，不断开发新的体验产品和好的养生活动。

第8章　养生植物的利用

许多植物中含有抗菌和抗病毒作用的化学物质，这些化学物质以气体形式扩散到空气中，进而通过人的呼吸系统或皮肤毛孔进入人体，起到防病、强身、益寿的作用。森林能不断地释放出植物杀菌素，具有杀灭多种病菌、降血压、祛痰和镇痛等功效；森林空气中有高浓度的负离子，可增强大脑皮层功能和脑力活动。不同植物及相同植物不同部位的挥发性物质存在差异，某些植物具有特殊的养生保健功效，在进行森林养生保健的过程中应该充分考虑其挥发性物质的治疗及保健效果，选择合适的植物。

8.1　养生植物概述

8.1.1　养生植物的概念和价值

1. 养生植物的概念

养生植物是指对人体健康有某些特殊保健功效的植物的总称。它们大多数含有抗菌和抗病毒作用的化学物质，能散发有益于人体健康的活性物质，有些还可以散发出具有防病、强身、益寿作用的气体，对人类的身心健康起到直接或间接的保护作用。

2. 养生植物的价值

植物中分泌出来的植物精气含有多种对人体健康有益的成分，其功效有镇痛、驱虫、消炎、利尿、抗菌、抗肿瘤、抗风湿、解毒、止泻等，具有较高的药用价值。养生植物的主要价值有以下几个方面。

（1）美化环境

植物为环境增添绿色，其良好的造型可以创造舒适的美感。植物美可以分为单体美和群体美。单体美主要有形体姿态、色彩光泽、韵味联想芳香及自然衍生美，可以通过种植合适的植物吸引鸟类、蜜蜂、蝴蝶。植物单体美还可以通过植物树冠、树干、叶、花、果、刺、毛、根等表现出来。植物群体美主要表现为从高大乔木至低矮草本不同层次有机融合的美感。植物还能创造意境美，植物的象征意义和意境美对环境有很大作用，如“岁寒三友”“玉、堂、春、富、贵”等。

（2）净化空气

空气污染主要由固体粉尘颗粒、细菌病毒及化学污染物引起。植物在与空气交换过程中，通过气孔吸收空气中的甲醛、二氧化氮、硫化氢、氟化氢等有毒气体，并将有毒物质降解为无毒物质，从而净化空气、减轻污染。例如，松柏类植物的阻尘和降尘作用很大，每平方米叶片吸附粉尘可达 6～7 克。在植物的光合作用中，植物会吸收二氧化碳并释放大量氧气，因此能够调节空气中的碳氧比例，同时能增加负离子浓度，使人更舒适。

（3）抑菌杀菌

空气中的尘埃是细菌生存的载体，植物的阻尘和降尘作用可减少空气中的细菌总量，同时植物挥发的芳香物质中有抗菌杀菌的成分，能杀灭空气中的一部分细菌和病毒。森林通过树叶、树茎、树皮、果实、草丛、凋落物、蘑菇及苔藓等和微生物释放出有香味的挥发性物质和无味的非挥发性物质，即植物杀菌素（植物精气）。这些杀菌素由多种化合物组成，一般以萜类化合物为主，包括单萜、倍半萜等。它们不仅可以驱虫、抗菌、抑制其他植物生长，作为植物的自卫手段，还可以使森林中的空气非常清新，令人心旷神怡的同时杀死人体内病菌，起到消炎、利尿、加快呼吸器官纤毛运动的作用。据统计，一般城市每立方米空气的含菌量比绿化区高 7 倍多，植物的杀菌作用明显。

（4）改善病症

负离子主要由负氧离子组成，因此空气负离子又被称为空气负氧离子。1902 年，阿沙马斯等首次肯定了负离子的生物学意义。负离子能够杀菌降尘、清洁空气，对人体的健康十分有益。负离子对于风湿、高烧、气喘、痛风、神经炎、神经痛、癌症、支气管炎、结核、心脏病及动脉硬化等病症具有改善作用。

（5）降噪降热

森林噪声低为森林疗养提供了适宜环境。早在 1963 年就有研究表明森林具有降低噪声的功能。据研究，森林植物通过吸收、反射和散射可降低 1/4 的噪声，其中：40 米宽的林带可降低噪声 10～15 分贝；30 米宽的林带可降低噪声 6～8 分贝，大面积的林木可降低噪声 26～34 分贝。森林的这种“天然消音器”作用，使常年生活在城市噪声环境中的居民得到疗养，从生理和心理上得到休息和调整。国内对森林降噪作用影响因素的研究也较多。研究表明，乔灌群落降噪效果优于灌木林或没有林下植被的乔木林；在不同的绿地类型组合中，乔灌花草组合的降噪效果最好。

城市森林可以帮助降低城市的“热岛效应”，植物通过蒸腾作用来冷却周围的空气，树叶可以阻隔太阳的热量。森林中的植物通过光合作用吸收二氧化碳，缓解“温室效应”。森林可以防风固沙，减少水土流失。雨水降落到森林里，将以地下水的形式存在于岩石和土壤中。夏季，森林涵养的水源经过蒸发，可以降低森林温度，提高森林湿度，使森林保持在一种温润、舒爽的状态。

（6）缓解情绪

国际上提出的绿视率理论认为，人视野中绿色所占面积达到25%时，其精神感觉最舒服，对健康最有益。这主要是由于绿色是一种祥和舒适的色彩，森林通过绿色的树叶、树枝吸收阳光中的紫外线，减少其对眼睛的刺激，给人以平静、安宁、愉悦的感觉，会对人体的神经系统，特别是大脑皮层产生一种良好的刺激，使人的紧张情绪得到缓解。医学专家测试发现，人如果较长时间处于绿色环境中，尤其是在茂密的森林地带，人体皮肤温度会降低1～2℃，心脏搏动次数明显减少，呼吸减慢且均匀，从而缓和人的紧张情绪。因此，长期生活在紧张环境下的人们，通过森林疗养可使身心得到调整与康复。

8.1.2 养生植物的分类

根据人体器官对植物群落空间环境所产生的不同心理、生理感应，养生植物可分为以下几类。

（1）味觉类养生植物

味觉类养生植物是指富含糖分、维生素、微量元素和其他食用营养成分及药用成分并对人体具有保健功效的植物，既可食用又可入药。植物的不同部位具有不同的食用价值和保健功能。这类植物在园林绿地中应用较少，主要适合在宅前和阳台绿化栽种，如石榴、桂花树等。猕猴桃能增强体质，抗衰老、降血脂；一年生地被植物马齿苋含有丰富的去甲肾上腺素，能预防和治疗糖尿病，具有清热解毒的功效。近年来，花粉类天然食品由于含有丰富的营养物质，包括蛋白质、植物脂肪、糖类，各种维生素、矿物质等，具有使人体健美的功效，受到国内外人们的普遍关注和欢迎。临床实验证明，花粉对糖尿病、肝病、贫血、失眠、肠胃不适等有一定的疗效，对皮肤过敏、雀斑、黄褐斑等也有一定的治疗作用。

（2）视觉类养生植物

我国人民自古以来就有赏花的习俗，并把赏花与养生结合。赏花的第一印象是色彩，人们在看到五彩缤纷的花朵时往往会精神一振、烦恼顿失。现代医学研究发现，在宁静的花园里，人们神经的紧张和视觉的疲劳容易消除，而且中枢神经系统经过调节可以改善机体的各种功能。例如，能使人体皮肤温度降低，脉搏减缓，呼吸放慢而均匀，嗅觉、听觉和思维活动的灵敏性也会得到增强。花瓣中所含的花青素、胡萝卜素和叶绿素能随植物细胞组织液中的酸碱度不同而呈现不同的色彩，影响人的情绪，对人体健康产生积极有益的影响。例如，明亮的红色、橙色、黄色属暖色，给人以热烈、兴奋、活泼和温暖的感觉；白色、青色、粉色、蓝色则给人舒适、清爽和愉悦的感觉。

另外，许多花卉的香气能够抑制病菌、预防感冒和减少呼吸系统的疾病。

（3）嗅觉类养生植物

嗅觉类养生植物是指能散发各种香气或其他挥发性物质，通过呼吸系统进入人体后能防病、强身、益寿的植物。这些植物散发的气味有的具有减少有害物质的功效，有的具有驱蚊虫的功效，有的具有抑菌灭菌作用。这些养生植物的气味可改善心理反应、调节情绪，使人心情舒畅、精神愉悦。植物的某些成分对疾病有防御和治疗作用，如香樟散发的挥发性芳香物质能祛湿、止痛；松柏类树木散发的气体能防治结核病；桂花的芳香物质，气管炎患者闻之能化痰、止咳、平喘。人类很早就注意到了“香味”的作用。香味疗法指的是用植物香精治疗或预防疾病，是既年轻又古老的自然疗法。我国古代民间端午节时，人们用苍术、艾叶、菖蒲、白芷、芸香薰燃后预防疾病，效果比紫外线好。华佗用绸布制成香囊，内装麝香、丁香、檀香，悬挂在室内，治疗肺痨、吐泻。欧洲古代用薰衣草、迷迭香治病；法国用薰衣草干花作为常备药，治疗心脏神经官能症、气胀腹疼与头痛等。

（4）听觉类养生植物

不同类型不同形状的植物叶片相撞产生美妙声响，具有镇静安神的特殊功效。例如，风吹竹林的萧瑟声具有镇静解热的作用，适合心脏病患者；茂密的植物引来鸟语虫鸣，使听者满足，增加对生活的热爱，从而达到养生保健功效。听觉类养生保健应该有意识地选择那些叶片经大自然风雨因素撞击后能发出优美声响的植物，应有较多的植物数量才能具有养生保健效果。

（5）触觉类养生植物

触觉感受是通过人的手、足、皮肤等触觉器官得到对物体真实的感受。触觉是一种新型的有益身心的接触自然的感觉方式。触觉类养生植物正好满足了人们接触自然的需要。自然景物能够通过触觉传递至大脑，引起共鸣与认同。目前创造大自然的触摸区域尚有困难，除非有特殊需要在一定的限定范围内，不然经常触摸植物，不利于植物生长。有条件者可在嗅觉类养生植物内划出特定的区域，对有特殊需要者，经皮肤毛孔直接吸收有机物即可达到健身的目的。

（6）体疗类养生植物

体疗类养生保健型的生态群落是指选择能够缓解疾病的植物，创造安静清新的、有一定面积的、供活动锻炼的绿色空间或森林空间。积极的体育锻炼能增强人类体质，从而防治各种疾病。这就是广义的体疗类保健生态群落形成的基础。清晨，在绿色植物包围的空间内，自然清静、呼吸流畅，许多练功打拳者逐步忘我，达到“入静”的真正清静境界。

8.1.3 养生植物的成分

不同植物、相同植物的不同器官所挥发的化学成分及含量有所差别，不同的成分、不同含量的植物精气，养生保健功效有所不同。我国自1997年起对植物精气进行了系统的研究。吴楚材等（2006）对159种森林植物器官所释放出来的挥发性有机物进行了大量研究，发现其化学成分多达440种。

医学实验证明，萜烯类物质具有灭菌、消炎镇痛、祛风利尿、美容护肤、刺激神经、增强体力、消除疲劳、增加臭氧、净化空气、改善环境等功效。吴敏（2006）对5种杉科植物不同部位的精气成分进行了研究，研究结果表明，杉科植物的叶片中所含单萜和倍半萜的总量与木材相比存在差异但差异不大。植物精气的释放速率和成分在不同属及同属不同种植物之间有较大差别。不同树种、相同树种不同器官等产生的杀菌素数量和组成也有所不同。研究发现，阔叶林中植物杀菌素的重要组成是异戊二烯，而针叶林中植物杀菌素的主要组成为α-蒎烯。不同树种组成的针叶林里植物杀菌素的组成和含量略有不同，其中柳杉林中的植物杀菌素以α-蒎烯为主，莰烯次之；日本扁柏林中α-蒎烯含量特别高，三环萜、γ-萜品烯、柠檬烯等次之，且萜类化合物的物质总量大于柳杉林。萜类物质中，单萜类与倍半萜类化合物均具有很强的生理功效，故将单萜和倍半萜相对含量之和作为衡量植物保健作用的指标。

8.1.4 养生植物与人体健康

20世纪70年代，世界上出现了人类追求森林浴的热潮。美国、日本相继出现森林医院。日本60%的国民参加森林浴。他们研究了健康与森林的关系后，认为森林是有益于人体健康的三浴之一（海水浴、日光浴、森林浴）。德国提出了“森林对全民开放”，该国医疗界经过临床测试，得出森林浴后人体抗病能力增强、机能调整恢复的结论。

当今社会经济发展，人口密集，空气污染，公害甚多。人类来自绿色，一旦再回到绿色环境中就可以缓解生理和心理上的压抑。空气中的负离子可以调节体内的血清素浓度，对“血清素激惹综合征”引起的弱视、关节炎、恶心呕吐、烦躁郁闷有缓解作用，从而改善神经功能，调整代谢过程，提高人体对疾病的免疫功能。

面对某些特定的植物进行呼吸，还有一定的医疗作用。面对松树（罗汉松、雪松、马尾松、油松、云南松）呼吸，有祛风湿、舒筋、通经等作用，对关节酸痛、筋脉挛急、脚气、痿弱等疾病有一定疗效。为什么面对松树呼吸有这样的好处？因为松树能挥发含有胡萝卜素、维生素C及α-莰烯的油。人体吸入这些物质能疏通经络，增强器官的生化功能，从而起到医疗作用。

面对樟树呼吸，有通窍、止疼、辟秽等疗效，特别是它能刺激胃部，使胃部舒适温暖。因为樟树枝叶均有樟脑味，每当春季开花时其香更甚，樟树挥发油类含有多种有机物，这些挥发性物质能祛风湿、行血、暖肠胃。

对一些气喘病、高血压、冠心病患者，则宜在银杏树前呼吸。白果（银杏）是名贵药材，银杏叶含有双黄酮、山萘酚、芸香苷等成分。人类面对这些植物进行呼吸时会感到清香，有益心、敛肺、化湿、止泻的作用。长期在银杏树下锻炼对胸闷心痛、心悸怔忡、痰喘咳嗽均有疗效。

8.2　养生植物的作用与功效

8.2.1　养生植物的视觉功效

大自然中丰富的色彩能够使人释放压力、消除疲劳、增强体质和促进身心健康。自然界中的植物（花卉）颜色主要有红色、橙色、黄色、绿色、青色、蓝色、紫色、白色八种。

（1）红色

红色能刺激神经系统，使人兴奋、激动、紧张、冲动，刺激肾上腺素分泌和血液循环，有助于增强食欲，振奋精神。

（2）橙色

橙色能产生活力，诱发食欲，有利于钙吸收，有助于恢复和保持健康。

（3）黄色

黄色给人开朗、乐观、阳光的感觉，对情绪低落的人有安抚和激励作用。它可刺激神经和消化系统，增强逻辑思维。但黄色易造成成人情绪不稳定。

（4）绿色

绿色是一种令人感到稳重和舒适的色彩，具有镇静神经、降低眼压、解除眼疲劳、改善肌肉运动能力等作用。自然的绿色还对晕厥、疲劳、恶心与消极情绪有一定的舒缓作用。

（5）青色

青色使人产生安全感，能影响视觉、听觉和嗅觉，可调节肌肉，减少或停止出血，减轻身体疼痛敏感度。

（6）蓝色

蓝色既是一种易令人产生遐想的色彩，也是相当严肃的色彩。蓝色具有调节神经、镇静安神、降低血压和预防感冒的作用。

（7）紫色

紫色能让人情绪平和，使孕妇心情恬静、安宁，有镇静、促进恋爱及关爱他人的功效；还有促进体内钾平衡的作用。

（8）白色

白色令人神清气爽、心绪安宁，有镇静、安慰、催眠的作用。

8.2.2 养生植物的嗅觉功效

嗅觉类养生植物有助于预防和治疗心脑血管病、气喘症、高血压、肝硬化和神经衰弱等多种疾病。其主要功效是对有害物质进行净化。植物自身的代谢作用能够使环境中的污染物质无害化，吸收二氧化碳释放氧气，滞留和过滤降尘和飘尘，增加负离子含量，在抗性范围内吸收二氧化硫、氟化氢、一氧化碳、硫化氢等有害气体，抑菌杀菌，减少噪声和放射性污染等。

8.2.3 养生植物的味觉功效

味觉类养生植物可分为食疗型、药用型，以及香料、精油型。现代医学研究证明，植物花卉中含有大量的可食用花粉，营养极为丰富，其有 8 种人体必需的氨基酸、16 种维生素、16 种微量元素、90 多种天然酶和辅酶等营养物质。植物花卉中还含有多种药用成分，如牡丹、金银花、蜡梅、金橘等既是香花又对常见疾病、多发病有很好的治疗作用。同时，我国有香料植物 500 多种，从香料植物中提取的植物精油可预防传染病，对抗细菌、病毒、霉菌，促进细胞新陈代谢及细胞再生，精油配合药物治疗，可以促使病人恢复健康。

8.2.4 养生植物的听觉功效

森林中不同植物不同的叶片撞击产生美妙声响，再配合风声、虫鸣、鸟叫，对于镇静安神具有特殊疗效。常见的森林养生树种有竹子、松树、梧桐、芭蕉、棕榈等，这些植物的叶片经风吹雨打，吸引虫、鸟和声，配以小溪、山泉的水流声等，营造出一个养生保健的自然景观。

8.2.5 养生植物的触觉功效

植物的茎、叶、花的质感（粗糙、毛绒、光滑）对人的触觉都有积极的刺激作用。植物被人体触摸后，挥发出来的物质经过皮肤毛孔直接被吸收，可起到养生保健的作用。有些植物被人体触摸过后，其枝、叶表面温度上升，加深蒸腾作用，能挥发出各种有机物质。触摸桃叶珊瑚能治胃炎，触摸植物如萱草花、洋苏叶和青蒜能消炎退肿。有些植物在用手抚摸等外界刺激下能散发香味，有些挥发性物质能醒脑提神、清热去烦、驱蚊等。

8.3　养生植物与人群的适应性

不同年龄段的人对健康的需求不同。针对不同人群的保健需求，我们将不同类型、不同功效的养生植物应用到具有相应保健需求的人群的日常生活中，有效地发挥其保健功效。根据植物的特性和不同年龄段人群的心理和生理特点，养生植物适合人群分为以下几种。

8.3.1　儿童、青少年群体

儿童、青少年以成长与强身为主，需要提高免疫力，注重学习和娱乐，启发思维，促进智能发展。适宜的康体养身植物主要是无刺、无毒、无飞毛的植物，有驱蚊功效的植物，如七里香、夜来香等。为防止儿童感染或中毒，应选择颜色鲜艳、能散发各种花香的植物，如紫荆、蜡梅、桂花、杜鹃等。儿童、青少年大多富有好奇心，宜选择树形奇特、有个性的形体，如三角枫、银杏、马褂木、龙爪槐等，既可增添儿童、青少年的游赏情趣，也可增强他们感知世界的能力和识别能力。

8.3.2　中年群体

中年群体以健身为主，应选择能帮助缓解精神疲劳、提神醒脑、有利于提高工作效率的植物，并能在游览期间，帮助其放松心情、促进睡眠的植物，如梅花，合欢等。自然清新的香味可使紧张的神经得到缓解；丁香、茉莉的幽香能让人感到轻松。

8.3.3　老年群体

老年群体以预防疾病、抗衰老为主。老年群体年迈体衰，发病率高，应注重养生植物的疗效。老年人需要增强身体素质、降低血压、缓减衰老、促进血液循环、预防心脑血管疾病、延年益寿等，养生植物的选择和配置要根据这些特点，使老年人心情愉悦、神清气爽。例如，樟树散发的芳香物质能帮助老年人祛风湿、止痛。老年人常犯有心脏病、肺部疾病、神经系统疾病，宜选择能通经活络和润肺养心的树种，如桂花、含笑、九里香、海棠、黄杨等，这些树种具有通经活络、益心、化痰止咳、平喘顺气等功效。

8.3.4 特殊人群

特殊人群（疾病患者和残疾人）大多身体虚弱，抵抗力低，在养生植物的选择上应注重选择提高其免疫力及疾病康复功能的植物。同时，要选择具有杀菌、抗病毒功效的植物，利用植物挥发性物质杀灭空气中的细菌、病毒以减缓疾病的产生和传播。例如，松柏科的植物散发出的气体对结核病有防治作用，同时能防止结核病的传播；樟树、银杏的挥发性物质可杀灭结核、霍乱、伤寒、白喉等病原体。

8.4 常见的养生植物

8.4.1 抗癌植物

临床试验和临床应用表面，植物的某些天然活性成分对癌症有抑制或治疗效果，这些成分大体分为生物碱类、黄酮类、挥发油类、多糖类、有机酸类、苷类等。

1. 长春花

长春花（*Catharanthus roseus*），夹竹桃科长春花属，半灌木，略有分枝。长春花折断其茎叶而流出的白色乳汁，有剧毒；含有长春花碱、长春花新碱等天然抗癌药，含有长春花碱酰胺、异长春花碱等半合成抗癌药。其中，长春花碱用于治疗白血病、霍奇金病和绒毛膜上皮癌；长春花新碱用于治疗急性白血病；长春花碱酰胺用于治疗急性淋巴细胞白血病、恶性淋巴瘤、恶性黑色素瘤；异长春花碱用于治疗非小细胞肺癌、乳腺癌、卵巢癌、恶性淋巴瘤、头颈部肿瘤等。

2. 三尖杉

三尖杉（*Cephalotaxus fortune*），三尖杉科三尖杉属，常绿乔木。三尖杉中含有的抗癌成分是三尖杉酯碱，可治疗急性早幼粒细胞白血病、急性单核细胞白血病、急性粒细胞白血病及恶性淋巴瘤；高三尖杉酯碱用于治疗各型急性非淋巴细胞白血病。

3. 红豆杉

红豆杉（*Taxus chinensis*），红豆杉科红豆杉属，常绿乔木。红豆杉又名紫杉，是世界上公认濒临灭绝的天然珍稀抗癌植物，从中提取或半合成的紫杉醇主要用于卵巢癌、乳腺癌及非小细胞肺癌的一线和二线治疗；多西紫杉醇主要用于晚期或转移性乳腺癌、非小细胞肺癌的治疗。

4. 鸦胆子

鸦胆子（*Brucea javanica*），苦木科鸦胆子属，常绿灌木或小乔木，高1.5～3米，全株均被黄色柔毛，小枝具有黄白色皮孔。鸦胆子有毒部位是果壳和种子，成年人食用12粒即有中毒危险。症状是恶心、呕吐、腹痛、腹泻、头昏、全身无力、呼吸慢或困难、昏睡，最后四肢麻痹。用于临床的鸦胆子油乳剂能增强患者免疫力，主要用于治疗食管癌、胃癌、直肠癌等消化道癌，也用于治疗肺癌及肺癌脑转移等病症。

5. 喜树

喜树（*Camptotheca acuminata*），蓝果树科喜树属，落叶乔木，高可达20余米。喜树又名旱莲木、千张树、南京梧桐等，是我国特有的一种暖地速生树种，广泛分布于长江、川南等地区。喜树碱用于治疗胃癌、结肠癌、膀胱癌、肝癌、绒毛膜上皮癌、白血病及头颈部肿瘤；羟基喜树碱主要用于治疗肝癌、胃癌、食管癌、膀胱癌等。近年来，研制的喜树碱半合成抗癌药依林诺特肯对结肠癌、胰腺癌及肝癌有效，拓扑特肯对结肠癌、乳腺癌、肺癌等有效。

6. 海南粗榧

海南粗榧（*Cephalotaxus hainanensis*），三尖杉科三尖杉属，乔木。海南粗榧又称红壳松、薄叶篦子杉，濒危种。海南粗榧分布在我国西藏、广西、云南、海南、广东等地，生长于海拔600～1 700米的地区，从其树皮、枝叶中分离出多种三尖杉酯碱，对治疗白血病及淋巴肉瘤有一定的疗效。

7. 美登木

美登木（*Maytenus hookeri*），卫矛科美登木属，常绿灌木。全球共有美登木属植物225种，分布于亚洲、非洲和美洲。我国美登木分布在云南、贵州、广西、广东等地。它的根茎、叶片中含有美登素、卫矛酸等，经体外实验对鼻咽癌KB（人口腔表皮样癌细胞）有较强的抗癌活性，美登素并有直接杀死癌细胞的作用。美登木叶片还可做止痛利尿药，也可代替茶叶用于饮料。

8. 中华猕猴桃

中华猕猴桃（*Actinidia chinensis*），猕猴桃科猕猴桃属，大型落叶藤本。中华猕猴桃在我国中南、西南等地均有分布，果实中含有多种纤维素和蛋白质分解酶，可阻断致癌物亚硝酸化合物在人体内的合成，对消化道癌有明显的防治和辅助治疗效果。

8.4.2 驱虫蚊植物

植物在其生长期过程中会通过叶、花等组织或器官散发出一些气味或者特殊化学物质。这些挥发物对人体无害，但能驱赶或杀灭某些昆虫。人们把这些能达到驱虫蚊目的的植物统称为驱虫蚊植物。常见的驱虫蚊植物有以下几种。

1. 驱蚊草

驱蚊草学名为香叶天竺葵（*Pelargonium graveolens*），牻牛儿苗科天竺葵属，多年生草本或灌木，高可达 1 米。茎直立，基部木质化，上部肉质，密被具光泽的柔毛，有香味。驱蚊草不仅有驱蚊效果，还能净化空气，且气温越高，香味越浓，驱蚊效果越好。驱蚊草可盆景栽培，一般半年内便可生长成熟，存活期长，养护得当可以存活 10 年以上。

2. 薄荷

薄荷（*Mentha haplocalyx*），唇形科薄荷属，多年生草本。薄荷多生于山野湿地河旁，根茎横生地下，多生于海拔 2 100 米的地区，但也可在海拔 3 500 米的地区生长。薄荷有特殊的芬芳香气，蚊虫闻了会晕眩。人体被蚊叮虫咬后，可直接用薄荷叶熬水敷用，能起到消炎止痒的作用。

3. 除虫菊

除虫菊（*Pyrethrum cinerariifolium*），菊科匹菊属，多年生草本。花叶干后制成粉末或蚊香，可消灭虫害和除臭。除虫菊原产于欧洲，可栽培药用，现在我国陕西、山东、黑龙江、吉林、辽宁、江苏、浙江、安徽、江西、湖南、四川、广东、云南都有栽培。

4. 薰衣草

薰衣草（*Lavandula angustifolia*），唇形科薰衣草属，半灌木或矮灌木。薰衣草又名香水植物、灵香草、香草、黄香草、拉文德。虽称为草，实际上薰衣草是一种紫蓝色小花。全株略带木头甜味的清淡香气，因花、叶和茎上的绒毛均藏有油腺，轻轻碰触油腺即破裂而释放香味。其香气能醒脑明目，使人舒适，能驱除蚊蝇，可预防病毒性、传染性疾病。

5. 七里香

七里香的学名为千里香（*Murraya paniculata*），芸香科九里香属，小乔木，高可达 12 米。七里香又名万里香、九秋香、九树香等，生于低丘陵或海拔高的山地疏林或密林中，触摸其叶片，会散发出浓浓的甜香味，有驱蚊效果。

6. 迷迭香

迷迭香（*Rosmarinus officinalis*），唇形科迷迭香属，灌木，高达 2 米。花和叶中含有具有优良抗氧化性的抗氧化剂和迷迭香香精，而迷迭香香精具有较好的驱蚊及杀菌、杀虫等效果。

7. 八角

八角（*Illicium verum*），木兰科八角属，乔木，高 10～15 米。八角又名八角茴香、大茴香、唛香，是我国特有的香辛料和中药，也是居家必备的调料，在食品加工业及香料工业应用广泛。在驱蚊方面，主要利用八角的反式茴香脑、茴香醛，还有少量桉树脑、柠檬烯、α-蒎烯等天然挥发性化合物的特殊气味。

8. 白兰

白兰（*Michelia alba*），木兰科含笑属，长绿乔木，高达 17 米。花白色或略带黄色，花瓣肥厚，长披针形，有浓香，夏季盛开。这些花含有芳樟醇、苯乙醇、甲基丁香酚等成分，可以有效地驱蚊。

9. 樟

樟（*Cinnamomum camphora*），樟科樟属，常绿大乔木，高可达 30 米。樟又名香樟、芳樟、油樟、樟木等。根、枝、叶均可挥发出樟脑、松油二环烃、樟脑烯、柠檬烃、丁香油酚等，分泌出的挥发油可以杀灭空气中的有害微生物和蚊虫。

8.4.3 防辐射植物

某些绿色植物通过光合作用，吸收有害气体，同时削弱周围环境中的电磁场辐射，减少室内外的污染，有益人体健康。这些植物被称为防辐射植物。研究表明，植物中的一些天然成分，如植物多酚、多糖、白藜芦醇等具有防辐射功效；β-胡萝卜素和维生素 E 能直接抑制和淬灭活性单线态氧，阻断过氧化应激反应，促进超氧化物歧化酶、过氧化氢酶的释放，故对电离辐射损伤有一定的保护作用；多酚类物质具有活泼的羟基氧，能在多酚氧化酶的作用下终止生物体内自由基的连锁反应，起到消除自由基和自由基毒性的作用，从而发挥抗辐射等多种生理功能。

常见的防辐射植物有宝石花、虹之玉、玉扇、熊童子、星美人、黄丽、桃美人、景天等多肉植物。同时可能受到超量辐射的人群需要服用碘，这可作为公众防辐射的有效措施。海藻类食物（包括紫菜、海带、裙带菜等）除含有人体必需的蛋白质、脂肪、碳水化合物、多种维生素及矿物质外，还含有陆地植物所没有的植物化合物，经常食用此类食品，具有良好的保健、防辐射作用。

8.4.4 抑菌杀菌植物

人类对植物抑菌作用的应用从远古时代就已经开始了，随着科技的发展，人们开始对植物的抑菌杀菌作用进行研究，发现大多数植物能分泌挥发性物质来抑制或杀灭细菌、真菌、原生动物等。研究表明，樟、枫香树、海桐和罗汉松对大肠杆菌的抑制作用较好，抑菌率达20%以上，且最大抑菌率均大于40%，海桐、樟、法国冬青、罗汉松对白葡萄球菌有较强的抑制作用。常见的抑菌杀菌植物有以下几种。

1. 樟

科学研究表明，樟所分泌的挥发性物质能很好抑制和杀灭空气中的病菌，净化有毒空气。

2. 枫香树

枫香树（*Liquidambar formosana*），金缕梅科枫香树属，落叶乔木，高可达30米。树脂、树叶均有橄榄气味，树脂可作香料和药用，根叶及果实可药用。枫香叶对革兰氏阳性菌和霉菌的抑制作用较强，同时对枯草杆菌、金黄色葡萄球菌、大肠杆菌、黄曲霉、青霉等有一定的抑制作用。

3. 海桐

海桐（*Pittosporum tobira*），海桐花科海桐花属，常绿灌木或小乔木，高可达6米。海桐的种子及果皮的提取物中均含有较高的抑菌活性成分，其种子氯仿提取物对多种菌类具有很好的抑制作用。

4. 罗汉松

罗汉松（*Podocarpus macrophyllu*），罗汉松科罗汉松属，常绿针叶乔木。罗汉松别名罗汉杉、土杉（台湾）。罗汉松对抗甲氧西林金黄色葡萄球菌及白色念珠菌均有较好的抑制作用，表现出广谱抗菌活性。

5. 夹竹桃

夹竹桃（*Nerium indicum*），夹竹桃科夹竹桃属，常绿直立大灌木，高达5米。夹竹桃茎叶提取物对玉米小斑病菌、小麦纹枯病菌、黄瓜褐斑病菌和棉花红腐病菌有较强的抑制作用。

6. 大叶黄杨

大叶黄杨（*Buxus megistophylla*），黄杨科黄杨属，灌木或小乔木，高达 0.6～2 米。大叶黄杨内生真菌的次生代谢产物中存在着丰富的天然活性抑菌物质。

7. 芦荟

芦荟（*Aloe vera*），百合科芦荟属，多年生常绿草本。芦荟酊是抗菌性很强的物质，能杀灭多种真菌、霉菌、细菌、病毒等，抑制和消灭病原体的发育繁殖。

8. 石楠

石楠（*Photinia serrulata*），蔷薇科石楠属，常绿乔木。石楠又名凿木、千年红、扇骨木、笔树、石眼树、将军梨、石楠柴、石纲、凿角、山官木。石楠叶片的挥发性物质中具有一定的抑菌活性，对真菌的抑制能力较强，对细菌的抑制能力较弱。

9. 龙柏

龙柏通用名为圆柏（*Sabina chinensis*），柏科圆柏属，乔木，高达 20 米。龙柏又名刺柏、红心柏、珍珠柏等。龙柏挥发油对肺癌细胞有明显的抑制作用，对金黄色葡萄球菌和表皮葡萄球菌也有抑制效果，同时，龙柏挥发油对多种食品微生物有明显的抑制作用。

10. 油松

油松（*Pinus tabuliformis*），松科松属，针叶常绿乔木。油松对大肠杆菌和酵母菌抑菌能力较强，有效距离大约为 5.5 米，抑制细菌能力在 8～10 月最强，在 1 月、12 月能力最弱。

8.4.5　简单除病植物

中医作为我国历史悠久的三大国粹（京剧、中国画、中医）之一，普普通通的一棵小草、一块植物根茎说不定就是除病健身的良药；一朵盛开的小花，说不定就能让人神清气爽，摆脱郁闷的心情。

1. 鱼腥草

鱼腥草又称蕺菜（*Heartleaf houttuynia*），三白草科蕺菜属，草本。鱼腥草味辛，性寒凉，归肺经，能清热解毒、消肿疗疮、利尿除湿、清热止痢、健胃消食，可用于治疗实热、热毒、湿邪、疾热为患的肺痈、疮疡肿毒、痔疮便血、脾胃积热等。现代药理实验表明，其具有抗菌、抗病毒、提高机体免疫力、利尿等作用。

2. 益母草

益母草（*Leonurus artemisia*），唇形科母草属，一年生或二年生草本。益母草味辛苦，性凉，有活血、祛淤、调经、消水的功效，可治疗妇女月经不调，胎漏难产，胞衣不下，产后血晕，瘀血腹痛，崩中漏下，尿血、泻血，痈肿疮疡，是历代医家用来治疗妇科病的要药。

3. 板蓝根

板蓝根为十字花科菘蓝属植物菘蓝（*Isatis indigotica*）的干燥根。其性寒，味先微甜后苦涩，具有清热解毒、预防感冒、利咽的功效，主要用于治疗温毒发斑、舌绛紫暗、烂喉丹痧等疾病。

4. 蒲公英

蒲公英（*Taraxacum mongolicum*），菊科蒲公英属，多年生草本。蒲公英植物体中含有蒲公英醇、蒲公英素、胆碱、有机酸、菊糖等多种健康营养成分。其性味甘，微苦，寒，有利尿、缓泻、退黄疸、利胆等功效。

5. 白芍

白芍为毛茛科芍药属芍药（*Paeonia lactiflora*）的干燥根。白芍味酸苦，性微寒，可平肝止痛，养血调经，敛阴止汗，有养血荣筋、缓急止痛、柔肝安脾的功效。

6. 葛根

葛根为豆科葛属藤本葛（*Pueraria lobata*）的干燥根。其味甘、辛，性凉，归肺、胃经。有解肌退热，透疹，生津止渴，升阳止泻的功效。

7. 五味子

五味子（*Schisandra chinensis*），木兰科五味子属，落叶木质藤本。果实含有五味子素及维生素 C、树脂、鞣质及少量糖类，有敛肺止咳、滋补涩精、止泻止汗的功效。

8. 合欢

合欢（*Albizia julibrissin*），豆科合欢属，落叶乔木。合欢又名绒花树、马缨花。其花含有合欢苷、鞣质，可解郁安神，理气开胃，活络止痛，用于治疗心神不安、忧郁失眠、郁结胸闷、失眠健忘，有较好的强身、镇静、安神、美容的作用，也是治疗神经衰弱的佳品。

8.4.6　食疗功效植物

科学合理的搭配各种食物，既能保证营养全面，又可促进身体健康。中医常说“药食同源”，也就是说我们吃的很多蔬菜、水果、谷物含有的某些营养成分是具有食疗功效的。具有食疗功效的食物主要介绍以下几种。

1. 百合

百合（*Lilium brownii*），百合科百合属，多年生草本。百合除含有蛋白质、脂肪、还原糖、淀粉及钙、磷、铁、多种维生素等营养素外，还含有一些特殊的营养成分，如秋水仙碱等多种生物碱。这些成分综合作用于人体，不仅具有良好的营养滋补功效，还对秋季气候干燥而引起的多种季节性疾病有一定的防治作用。中医上讲，鲜百合具有养心安神、润肺止咳的功效，对病后虚弱的人非常有益。

2. 竹笋

竹笋，是竹的幼芽，也称为笋。竹为多年生常绿草本植物，食用部分为初生、嫩肥、短壮的芽或鞭。中医认为竹笋味甘，微寒，无毒。在药用上，具有清热化痰、益气和胃、消渴、利水道、利膈爽胃等功效。竹笋还具有低脂肪、低糖、多纤维的特点，食用竹笋不仅能促进肠道蠕动，帮助消化，去积食，防便秘，还能预防大肠癌。

3. 荠

荠（*Capsella bursa-pastoris*），十字花科荠属，一年或二年生草本。荠又名荠菜（通称）、菱角菜、护生草、地菜、地米菜、菱闸菜等。荠生长于田野、路边及庭院，以嫩叶供食。荠的营养价值很高，食用方法多种多样，具有很高的药用价值，具有和脾、利水、止血、明目的功效，常用于治疗产后出血、痢疾、水肿、肠炎、胃溃疡、感冒发热、目赤肿疼等症。

4. 酸枣

酸枣（*Ziziphus jujuba*），鼠李科枣属，落叶小乔木，是枣的变种。又名棘、棘子、野枣、山枣、葛针等，原产于中国华北，中南各省亦有分布。酸枣主要含三萜皂苷类、黄酮类、三萜类、生物碱类，具有补肝、宁心、敛汗、生津的功效；

主治虚烦不眠、惊悸多梦、体虚多汗、津虚口渴等症。

5. 决明子

决明子是豆科决明属一年生亚灌木状草本植物决明（*Cassia tora*）的种子。决明子味苦、甘、咸，性微寒，入肝、肾、大肠经；润肠通便，降脂明目，可治疗便秘及高血脂、高血压，具有清肝明目、利水通便、缓泻、降血压、降血脂的作用。

6. 松针

松针是松树的叶，因叶状似针而得名。松针为松科松属植物中的西伯利亚红松、黑松、油松、红松、华山松、云南松、思茅松、马尾松等的针叶。新鲜的松针富含水分且无毒，松针富含丰富的蛋白质、葡萄糖、维生素，以及钙、铁、锌、硒等多种微量矿物元素。《本草纲目》记载，长期服用松针可“治百病，安五脏，生毛发，耐寒暑，耐风吹雨打，轻身益气，守中而辟谷延年”。

7. 玫瑰茄

玫瑰茄（*Hibiscus sabdariffa*），锦葵科木槿属，一年生草本。玫瑰茄又名洛神花、洛神葵、山茄等。玫瑰茄含有丰富的蛋白质、有机酸、多种氨基酸，以及大量的天然维生素和人体所需的矿物质。用它泡水喝有消暑、降压、强化血管弹性的功效，对治疗高血压、中暑、咳嗽、酒醉等效果特别好。它不仅能清热解毒，帮助消化、生津止渴，也是减肥的佳品。

8. 打碗花

打碗花（*Calystegia hederacea*），旋花科打碗花属，一年生草本。其根茎有健脾益气、利尿、调经、止带的功效；对于脾虚消化不良、月经不调、白带、乳汁稀少有较好的效果。其花可以止痛，外用可以治牙痛。打碗花食疗主治淋病、白带、月经不调、小儿疳积，味道淡甜，无毒。

9. 香椿叶

香椿叶为楝科香椿属落叶乔木香椿（*Toona sinensis*）的嫩叶，又名香椿头、香椿芽。香椿叶的营养价值较高，除了含有蛋白质、脂肪、碳水化合物外，还有丰富的维生素、胡萝卜素、铁、磷、钙等多种营养成分。香椿叶具有清热利湿、利尿解毒的功效，是辅助治疗肠炎、痢疾、泌尿系统感染的良药。

10. 大叶冬青

大叶冬青（*Ilex latifolia*），冬青科冬青属，常绿大乔木。其叶（苦丁茶）性凉，味苦、甘，有消炎解暑、生津解渴、消食化痰、清脾肺、活血脉的功效。特别对软化血管、降血压、降血脂、促进全身代谢功能有独特功效。

第9章 森林养生的制度化设计

建立我国森林养生产业的管理、营销、发展、服务和保障五大体系是一项长期任务和系统工程。各级林业行政主管部门要加强对森林养生产业建设和发展的指导、管理和监督，加强部门合作，有序推进我国森林养生产业发展。

9.1 建立完整的管理体系

加强森林养生产业管理，合理利用森林风景资源是森林养生产业各项工作的重中之重。通过构建完整的管理体系，实现森林养生的法制化、规范化发展。

9.1.1 健全政策法规与标准化体系

1. 积极推动出台《森林养生基地管理条例》和完善相关法律法规

在法律法规方面应做到：按计划全力推进《森林养生基地管理条例》的立法工作，确立森林养生基地在自然保护体系中的法律地位，确保森林养生基地内自然资源按国土主体功能区用途进行依法管理。加快制定森林风景资源保护、占用征用森林养生基地林地审核审批、行业监管等专项法规。积极推动地方性法律法规的制定并严格实施。对于森林风景资源级别较高、生物多样性丰富的国家级森林养生基地，鼓励实行“一地一法”。加大对森林养生基地管理法律法规的研究和宣传工作，把森林风景资源保护和森林养生基地建设纳入法制化管理的轨道。

2. 加强森林养生基地标准化体系建设

在标准化体系方面应建立和完善国家标准、行业标准和地方标准相互衔接的森林养生基地标准体系，编制实施《全国森林养生基地标准化发展规划》。加强全国森林养生基地标准化技术委员会的机构管理和队伍建设，提高标准化工作专业化、制度化水平。利用森林养生基地试点和推介大会的契机，制定森林养生基地绿色名录申报标准和管理办法，主导中国绿色名录的发展。逐步制定森林养生基地在规划、保护、管理、建设、经营、服务等领域的国家标准或行业标准，重点制定并实施森林风景资源保护、解说牌示及科普文化讲解服务、信息化管理，以及森林营地、森林养生基地、森林步道等项目建设标准，并注重与相关行业标准化体系的衔接。加大标准化宣传推广和贯彻执行力度。

3. 积极开展示范性森林养生基地建设工作

在示范性森林养生基地方面应适应国内外新的发展形势和要求，在全面规划的基础上，选择一批森林生态旅游发展较好、管理水平较高、影响辐射面较广的国家级和省级森林养生基地进行试点和示范，国家在政策、资金、项目、人才等方面给予重点支持。通过试点总结、示范带动，确立一套完整、科学、合理的森林养生基地建设与发展规范，促进各类森林养生基地管理和服务水平的整体提升。示范内容包括森林风景资源的保护与管理、解说系统及环境教育课程设计、交通游览的低碳方式、森林养生产品开发、经营机制创新、旅游安全保障系统、综合管理信息化平台建设等。

9.1.2　加强森林养生基地总体规划编制与实施工作

在森林养生基地总体规划工作方面应加强森林养生基地总体规划的编制与实施工作。大力提倡“以人为本、重在自然、贵在和谐、精在特色”的森林养生基地建设理念，坚持以保护自然景观为主的建设方向，严禁规划不符合主体功能定位的开发活动，确保森林养生基地各类自然景观独特风貌的真实性和完整性。坚持按总体规划要求建设森林养生基地，杜绝无规划建设或不按规划要求进行建设的行为。制定《国家级森林养生基地总体规划规范》，鼓励出台专项规划和设计标准，完善森林养生基地规划体系和内容。加强森林养生基地规划设计人才培养，支持建设人才培养基地，建立森林养生基地规划专家库和成果库，提高规划编制整体水平。

知识小课堂

中医药健康旅游示范基地认证标准项目启动

2016 年 11 月 2 日，由世界中医药学会联合会承担的行业标准“中医药健康旅游示范基地（区）认证标准”项目启动会在北京召开。

国家中医药管理局国际合作司有关负责人表示，要广泛开展标准的调查，把前期各方工作经验和资源有机整合，把标准研制与基层的示范基地创建工作实际紧密结合，提高标准的适用性和操作性，发挥标准的引领和规范作用。

该项目由国家中医药管理局中医药文化科普巡讲团养生巡讲专家胡广芹主持，由中国中医科学院、北京中医药大学东直门医院国际部、天津市河东区卫生和计划生育委员会等多家单位的专家组成。该标准为配合国家中医药管理局和国家旅游局近期开展的“国家中医药健康旅游示范区（基地、项目）创建工作”，为示范区、基地和项目的评定提供标准依据。

（资料来源：中国中医，2016-11-08.）

9.1.3 建立健全森林养生基地管理机构，强化管理职能

1. 建立健全森林养生基地管理机构

各级政府要充分认识加快森林养生基地建设发展在整个林业建设和社会经济发展中的重要意义，切实加强对这项事业发展的组织领导，使森林养生基地建设发展更好地融入整个社会经济发展的有机整体之中。各级林业主管部门要充分发挥行业管理的职能作用，建立健全森林养生基地的管理机构。凡是经批准建立的森林养生基地都必须设立明确的管理机构，有专门编制和管理人员，明确管理职责。要在各级党委、政府的统一领导下，进一步加强部门间的协调配合，充分调动各部门和社会公众的积极性，共同推动森林养生基地事业全面、快速、健康的发展。

2. 强化森林养生基地管理机构的管理职能

结合全民所有自然资源资产管理体制改革，对森林养生基地内的森林、水流、山岭、草原、荒地、滩涂等自然生态空间进行统一确权登记。以自然资源的产权为基础，建立起森林养生基地管理机构负责森林养生基地范围内自然资源资产的管理，强化管理职能。各级林业行政主管部门分级负责监管森林养生基地自然资源资产的管理体制和监管体制。对森林养生基地内的集体林，逐步通过国家赎买、置换等方式变更国家所有，以保障森林资源及景观的完整性，保障森林养生基地保护、管理的稳定性。森林养生基地管理要走出孤立、分散的老路，将森林养生基地与自然环境保护、人类社区环境保护紧密联系，形成系统化、规模化的管理模式。

9.1.4 完善森林养生基地监管体系，规范建设管理

1. 加大对森林养生基地的行业监管力度

各级林业主管部门要坚决取缔本区域内对森林风景资源造成破坏或严重环境污染的森林旅游项目，严肃查处在森林养生基地内乱捕滥猎、乱采滥挖，破坏景观环境，以及不经批准擅自征用、占用林地等违法行为。加强对森林养生基地旅游秩序的管理，倡导开展文明、健康、有益的森林旅游活动，严格控制森林养生基地超环境容量接待游客。建立健全旅游服务管理制度，切实加强对森林养生基

地内导游、餐饮、住宿、物价、环境、卫生等各项工作的监督检查，规范森林旅游从业人员的经营行为，维护森林养生基地经营单位和游客的合法权益。强化对规划实施的监管，逐步建立规划实施评估考核机制。

2. 加强对森林风景资源利用的管理

各森林养生基地管理机构要建立对国有森林风景资源利用的有偿使用制度，维护森林风景资源资产所有者和使用者的合法权益。任何经营实体利用森林养生基地内的森林风景资源从事经营性森林旅游项目，都必须经林业主管部门审核同意，按照有偿使用的原则，进行资源资产价值评估，并在一定范围内通过公开招标的方式取得经营权。坚决制止各种以招商引资为名，低价甚至无偿出让、转让国有森林风景资源经营权的行为。严格控制森林养生基地经营权整体转让，防止国有森林风景资源被投机商垄断并造成国有资产严重流失。禁止将森林养生基地建设的社会管理职能纳入市场流转，切实维护好各项国家权益。森林养生基地管理机构获得的门票收入和森林风景资源有偿使用费收入，应主要用于森林风景资源的保护和管理。

3. 加强森林养生基地旅游安全管理

坚持“安全第一，预防为主”的方针，确保游客的人身安全。健全景区安全管理制度，严格执行有关安全标准。配备安全保障和救援队伍，完善安全设施设备，加强安全检查，强化安全培训，落实安全责任。完善事故应急机制，建立火灾、地质灾害等安全隐患的监测预警、应急疏散制度，建立医疗急救站（点）和报警点，配备急救物资及设施。强化森林消防工作。维护好景区治安和森林旅游秩序。加强饮食卫生和环境卫生管理。严格执行安全事故报告制度和重大责任追究制度。

9.2 建立健全的森林养生基地发展体系

在高度重视森林养生基地建设和管理的基础上，积极拓宽森林养生基地现有管理体系的内涵和范围，以满足国民休闲需求，提高林业的社会影响力。

9.2.1 充分认识加强森林养生基地建设的重要意义

各级政府要将森林养生基地建设作为国家或地区一项重要的基础设施建设，纳入当地国民经济与社会发展规划，加大对森林养生基地建设资金、人力、技术等方面的投入力度，不断强化公园管护基础设施、科研、监测、人员培训、信息化建设，确保森林养生基地发展目标的真正实现。各级林业主管部门要根据各地森林风景资源的特点和分布状况，结合当地经济社会发展的实际，按照科学规划、合理布局的要求，认真做好森林养生基地建设的总体布局规划。按照山脉、水系的自然分布，对各类森林风景资源进行系统整合，合理设置森林养生基地，逐步改变目前主要按行政区划建立森林养生基地的状况。

9.2.2 合理调整森林资源主导功能利用布局

根据社会经济发展对林业主导需求转变的具体要求，在组织对各类森林风景资源进行全面调查的基础上将把环境优美、自然景观和人文景观集中、具有一定规模和具备一定区位条件的森林确定为以提供欣赏和游憩服务为主的特种用途林，纳入森林养生基地规划建设和管理的范围，实行科学的分类经营和主导目标利用。各地要根据建设发展的实际需要，对不同区位条件下森林的主导功能和经营方向进行合理调整，有计划地开展风景林营造和对现有林的景观改造工作，进一步提高我国以游憩利用为主的森林比例，不断扩大对公众开放的森林空间，充分发挥森林养生基地在保护森林景观、传播生态文化、提供游憩服务等方面的功能。

9.2.3 有效管理森林养生基地

对于被纳入试点区的国家森林养生基地，在国家未设立明确的森林养生基地行政主体管理部门之前，若原有森林养生基地经营管理机构健全、职责和制度明确、自然资源权属清晰，应遵循科学保护、有效管理的原则，仍由国家林业局森林体验与森林养生基地管理办公室对基地实施行政管理，保留在森林养生基地管理体系之中，并维持现有管理机构和人员配备，以保障管理的稳定性和连续性。同时，可参照国家公园的管理目标、管理制度、管理原则进行公园的开发、建设、保护与发展。

9.2.4 坚持国家级、省级和县市级森林养生基地的主体地位

始终坚持国家级、省级和县市级森林养生基地在森林养生基地管理体系中的主体地位。森林养生基地设立三级分级审批制度，严格按照《森林养生基地管理办法》等法律法规进行省级、市级和县市级森林养生基地的申报、建设和管理，加大各级政府的资金投入力度，进一步完善森林养生基地的基础和服务设施，促进森林养生基地建设和管理水平的整体提升。

9.2.5　拓宽森林养生基地管理体系

1. 大力推进城镇森林养生基地建设

把森林养生基地建设与新型城镇化建设有机地结合起来，大力推进城镇森林养生基地建设的发展。城市周围特别是大中城市周围集中连片的森林资源，凡具备一定条件的，应当有步骤地纳入城镇森林养生基地建设规划范围。加快制定和发布《全国城镇森林养生基地发展规划》等相关建设、保护、管理制度和标准，并积极组织实施。利用城镇森林养生基地开展生态保护修复、森林休闲健身、生态环境教育、生态保护全民参与行动计划，发挥城镇森林养生基地的生态性、公益性和教育性功能。将城镇森林养生基地发展纳入各地经济社会发展规划和新型城镇化建设规划。各级政府建立适度扶持城镇森林养生基地公益性设施建设的中央和地方投入机制，鼓励和引导社会资金投入城镇森林养生基地建设。加强城镇森林养生基地建设的组织管理，强化科技支撑。

2. 拓展发展林业专类公园

为进一步保护林业特种的野生树木、花卉资源，有效探索特种资源的合理利用途径，应加快发展国家林业专类公园，并纳入森林养生基地管理体系之中。加快制定国家林业专类公园发展为森林养生基地的申报、建设、管理的法规标准。同时，要以保护种质资源为首要任务，合理确定范围，编制公园总体规划，健全管理机构和人员，落实保护建设资金，积极提升景观质量和文化内涵，使之成为集生产科研、观光休闲、文化体验于一体的区域。

3. 拓展发展国家生态公园

对于需要进一步发展森林养生功能的国家生态公园，需要重点进行生态建设、生态修复、生态治理，按照森林养生基地的申报、建设、管理的法规标准加快完善。积极探索符合本地实际的森林养生基地管理模式、运行机制和政策措施，将其建设成为兼具生态环境保护、生态文化宣传、生态旅游休闲、生态成果展示、生态福祉共享等多功能的区域。

4. 开展国家森林步道系统建设

国家森林步道系统是指对国家森林养生基地、国家级自然保护区、国家级风景名胜区等全国主要生态功能区范围内的步道系统进行串联整合，规划形成一系列长度规模适当，具有自然景观、历史与文化的森林步道网络。为促进公众保护、使用、享受和欣赏国家自然和历史资源，构建人与森林的亲近关系，应积极开展我国的国家森林步道系统建设。研究国际上步道建设成果比较突出的国家，吸取其在步道系统布设、生态保护、各类配套设施建设上的经验，以及管理办法和政策的制定等方面的经验。调查适合建设国家森林步道系统区域的自然与森林景观资源、历史与生态文化资源。编制《全国国家森林步道系统建设发展规划》，宏观把握国家森林步道的选线及各配套系统的衔接。制定国家森林步道建设标准、服务设施设计规范等相关标准，使森林步道建设规范、有序地进行。

知识小课堂

国家林业局大力推进森林体验和森林养生发展

森林体验和森林养生，作为森林旅游的重要发展方向，是全民健身和全民健康的重要内容，是普及健康生活、优化健康服务、完善健康保障、发展健康产业、建设健康环境的有效途径。

近年来，国家林业局高度重视发展森林旅游工作，加强了组织领导和支持力度。尤其是在森林体验和森林养生方面，国家林业局森林旅游工作领导小组办公室组织编制了森林体验和森林养生科普读本，制定了《森林养生基地质量评定标准》（附录2），展开了国际交流与合作等一系列工作。2016年年初，国家林业局印发《关于大力推进森林体验和森林养生发展的通知》（林场发〔2016〕3号），做出全面推进森林体验和森林养生发展的战略部署。2016年7月，国家林业局森林旅游工作领导小组办公室在公布了第一批共18个全国森林体验基地和全国森林养生基地建设试点单位，以基地试点建设为抓手，引导和推动全国森林体验和森林养生事业的健康快速发展，这标志着由林业部门引导的森林体验和森林养生事业正迎来蓬勃发展的春天。

第一批（2016年）全国森林养生基地试点建设名单：河北六里坪森林养生基地、安徽马仁山森林养生基地、安徽丫山森林养生基地、福建旗山森林养生基地、湖北潜山森林养生基地、湖北太子山森林养生基地、湖南青羊湖森林养生基地、广西龙胜温泉森林养生基地、陕西黄陵森林养生基地（具体介绍见附录2）。

森林体验和森林养生事业在国家林业局党组织的高度重视下，在国家林业局森林旅游工作领导小组办公室的正确引导下，一系列工作正在全面有序展开和快速推进。我们坚信，走进森林，体验自然；回归自然，感知生命，是全人类共同的选择。林业主管部门大力推动的全国森林体验基地和全国森林养生基地的试点建设，作为国民养生的重要载体，也是森林旅游发展的重要方向。

（资料来源：森林旅游网，2016-09-28.）

9.3　建立全面的服务体系

充分利用森林资源优势，坚持生态文明理念，因地制宜地发展培育特色森林旅游产品，提高资源品质，实现社区共赢；科学规范经营机制，完善营销与合作方式，实现森林养生产业的服务体系全面提升，确立森林养生在生态文明建设中的“城市生态屏障”及“惠民育民富民”主体功能与社会地位。

9.3.1　加大发展特色森林养生产品，打造产业品牌

1. 提升森林养生接待服务品牌

森林养生基地在森林旅游产品发展时，应突出以森林为主的自然资源的特色，提升传统观光旅游产品，积极发展森林科普游、城郊森林健身游，推出一批有吸引力的森林养生精品线路，打造休闲、度假、登山、科考、探险、养生、科普教育、民俗体验等不同类型的特色森林养生产品，发展“森林人家”“森林生态园”“专题森林养生基地”等森林接待服务品牌。加快人行步道、自行车道等非机动车为主体的绿道建设，配以租车店、特色店等游憩服务设施，打造集环保、运动、休闲、旅游为一体的低碳森林游。

2. 推动森林养生产品类型的发展

森林养生既是对森林旅游的升华，其内容丰富、形式多样、特色鲜明，又是休闲时代下的旅游新需求。在充分利用森林环境和林产品，根据森林环境及自然资源、文化等特点的基础上，有针对性地强化五感体验、运动及保健教育。因此，需要构建全国具有竞争力的森林养生产品体系，根据地方特色推出具有地域性、特色性的森林养生产品，使各级森林养生基地共同形成“大森林异体验”的格局。

3. 促进森林养生周边产品多元化

利用富有地方特色的森林食品、果品、药材、花卉等森林养生商品和富有文化创意的森林纪念品，满足多样化、个性化的森林养生需求。提升森林养生餐饮档次，根据高原菜的特色，充分利用森林养生基地为绿色有机食品重要来源的特点，大力发展绿色食品，满足人们对高质量生活的需求。要充分挖掘森林丰富的文化内涵，不断拓展适合区域森林风景资源特点的森林养生产品，加大森林养生商品和森林纪念品、艺术品的发展力度，带动周边地区大力发展林家乐、绿色养殖业、干果业，延伸森林产业链，促进林产品转化为森林商品，扩大森林养生受

益面。

9.3.2 注重生态文化建设，体现科普功能

1. 加强生态文化宣传设施建设

森林养生基地是加强生态文化建设、弘扬生态文明的重要载体，是开展保护自然资源与生态环境宣传教育的重要阵地。各森林养生基地要根据实际情况，挖掘生态文化内涵，整合各种生态文化要素，打造具有特色的生态文化产品，重点加强生态文化宣传设施建设工程，主要包括森林（自然）博物馆、标本馆、科普教育基地（中心）、科普长廊、解说步道，以及宣传科普的标志、标牌、解说牌等生态文化基础设施建设，进一步完善现有生态文化设施的配套建设，不断强化这些设施的科普教育和宣传功能，为人们了解森林、认识生态、探索自然提供良好的场所和条件。

2. 规范环境解说系统

解说系统工作需要团队合作，应建立森林养生基地解说系统支持体系。该系统分为策划部和设计部，策划部由资源专家组成，在森林养生基地规划的资源调查与评价的基础上，确定有保护价值、传承价值的解说资源，从而完成解说规划文本；设计部负责系统效果呈现及实地安装和定期维护。在制定《森林养生基地解说系统规划技术规程》的基础上，规范森林养生基地解说工作。《森林养生基地解说系统规划技术规程》要明确提出系统规划的详细可操作过程及对具体媒介的参考指标，要达到指导实际工作和系统科学规范的目的。

3. 完善教育科普功能

完善森林养生基地的环境教育与科普功能，要协调多方力量，形成森林养生基地的系统支持，培养具有专业素质的导游员和讲解员，聘请具备专业知识的团队编写导游讲解词，增强解说内容的准确性、科学性和趣味性。积极开展适合未成年人特点和兴趣爱好的各种自然科普和生态道德教育活动，建设一批高标准的生态科普和生态道德教育基地。加强基础研究，设立森林等自然资源旅游专项研究课题，增强对生态文化建设的规律性认识，提升森林养生基地解说建设的科学化水平。

9.3.3 启动志愿者服务制度，凸显公益价值

1. 构建管理体系

坚持“政府引导，自愿参与”的原则，依靠林业部门搭建的志愿者服务平台，

鼓励森林养生基地和公众积极参与志愿活动，并且国家林业局授权符合条件的机构还应设计统一的标志，为志愿者配备统一的工作用的坎肩、帽徽等。建立统一管理、信息共享的网络服务平台，该平台对森林养生基地和志愿者双方公开、透明，有利于双方加强配合并改进工作，也便于林业部门进行监督管理、掌握工作进程。

2. 完善服务规范

秉承公平、公正、公开的办事作风，建立志愿者登记和志愿服务记录档案，形成志愿者信息库，认真细化志愿者接待和服务工作的具体事务，志愿者组织应不定期为志愿者提供基本知识与服务技能培训，并制定《志愿者服务指南》及《志愿者工作制度》等相关规范，确定志愿者的权利与义务。

9.3.4　加大宣传推介力度，倡导产业合作

1. 搭建森林养生宣传平台

森林养生基地是弘扬森林生态文化的重要阵地，可以积极搭建森林养生基地与旅行社和新闻媒体的交流合作平台，加强森林养生基地的宣传，不断扩大森林养生基地的品牌影响力。充分利用电视、报纸、广播、网络等媒体，依托行业主管部门官方网站建设“森林养生”专栏，将系列报道与专题报道相结合，加大对森林养生的宣传力度；在每年出版的《中国森林等自然资源旅游发展报告》中，把森林养生作为一项重要内容；鼓励森林养生基地和企业构建网络营销平台，建立游客和基地之间的高效信息通道。

2. 展示森林养生文化成果

丰富生态文化活动，在每年举办的“中国森林旅游节”等节庆活动中，全面宣传展示森林养生发展成果；强化生态文学创作，开展森林养生文化征文活动，举办全国森林养生动漫作品展、摄影展、绘画展等；创办全国森林养生论坛，促进交流、沟通，共享森林养生发展的成果。

3. 提高森林养生品牌竞争力

倡导现代养生理念，切实引导企业、林农，树立品牌意识和市场意识，深入挖掘品牌内涵，精心打造品牌价值，积极做好商标注册等工作，树立地域特色品牌。大力推进将森林养生基地融入大旅游线路，着力培育一批具有鲜明特色的森林养生品牌。引导森林养生基地和旅行社加大开拓国际市场的力度，通过国际参展、宣传营销、质量认证、组团交流、人员培训、缔结姊妹单位等多种形式和渠

道，提高森林养生品牌的国际知名度和竞争力。

9.3.5 引导社区参与，实现利益共享

1. 实现社区参与收益分配

社区参与收益分配问题是社区居民关注的焦点，分配结构的合理性是决定公众参与森林养生经营和保护森林风景资源的重要影响因素，是森林养生基地资源优化配置和可持续发展的重要保障。对此，将社区居民的权责利结合起来，激发居民参与保护的积极性、提升其支持力度。

2. 保障社区公众知情

公众知情主要指公众依法享有从法定机构获取有关信息的权利，这是公众参与制度的基础，也是其他参与权利实现的前提。公众只有先了解森林养生基地的相关情况，才有可能成为基地环境保护的责任主体。森林养生基地的规划与开发内容公开化和透明化，有利于加强社区与基地的沟通，有助于日后各项工作的开展。

3. 保证社区参与决策

让公众参与森林养生的规划和开发，广泛征求社区居民意见，保障参与渠道畅通及多样化，促使规划决策的参与成为社区公众的责任。因此必须加强对公众的宣传教育，通过开设专题讲座、大众媒体宣传讲解环境保护知识、提供相关技能培训机会等形式，提高社区居民的整体素质和文化水平，提高其理性决策能力和思考逻辑性，使他们以主人翁的责任意识积极参与决策，促进森林养生基地和谐全面、健康协调发展。

4. 实现社区监督管理职能

社区监督管理是公众参与保护和管理的重要途径之一，能在一定程度上减少破坏环境的违法犯罪行为，保护自然资源的可持续发展，同时有利于弥补国家行政管理部门的漏洞，提高管理效率，实现保护森林养生基地的目的。他们参与旅游规划时会对环境质量、游客容量等问题给予关注，并监督和指导旅游企业和游客的环保政策和环保行为，有利于森林养生基地资源和环境的保护。

9.3.6 开展对外交流与合作，实现国际接轨

1. 借鉴国际理念和实践经验

我国森林养生基地的发展可以借鉴国外的先进做法，如体现森林多功能永续

发展的德国“近自然林业”和美国“新林业”，运用世界自然保护联盟《最佳保护地管理绿色名录》的理念和评价标准、设置森林养生基地的内部机构、建立特许经营制度、游客容量的严格限制（逐步开展网上订票）、强化生态教育功能、建立社区共建制度等。

2. 宣传展示本土特色

立足基地森林风景资源，在注重保护自然环境和人文环境，保护景观与历史传统文化，保持原有生态特色的同时，向国外展示我国独具特色的“天人合一”的森林养生文化，吸引国际游客前来观光、休闲，以及参观学习。

9.4　建立完善的保障体系

秉承功能定位明确、保障措施有效、持续发展可行的原则，在资金、人才、科技、环境全方位的支持下，确保森林养生基地与森林旅游具备更为长久而优势的竞争力，扩大森林保护与产业发展空间的拓展，促进森林多功能利用方式与林业为社会服务的根本转变，实现人与自然和谐相处。

9.4.1　加大资金投入，激发市场活力

1. 纳入国民经济与社会发展计划

努力推进森林养生基地与国民经济与社会发展需求相结合，将森林养生基地的建设纳入国家层次的国民经济与社会发展规划和地方层次城市国民经济与社会发展规划，作为生态建设工程和重要基础设施的要求来投入与建设。从而吸引国家层面、地方层面等政府相关政策项目对森林养生基地的资金、人才、设备等方面的投入，使基地的发展获得政府层面的大力支持，能够有效保障森林养生基地旅游活动的有序发展和有效保护。

2. 建立多级化多渠道的资金投入机制

在统一规划、统一管理的基础上，进一步放宽政策，扩大招商引资，采取市场运作的办法，鼓励各类具备条件的经济实体投资森林养生基地建设，进一步改善森林养生基地基础条件，不断提高森林养生基地保护管理和服务大众的能力。按照“谁投资、谁经营、谁受益”的原则，将森林养生基地内的旅游接待服务、休闲娱乐项目、商业网点等全面推向市场。广泛调动不同所有制经营主体发展森林养生的积极性，形成竞争有序的发展环境，不断扩大产业规模，改善服务质量，全面提高森林养生产业的整体效益水平。

3. 强化资金保障机制

在资金保障方面，建立中央、地方、社会、非政府组织等多级资金保障机制，争取中央宏观投资和政策扶持，制定专门的项目投资管理办法，保证专项资金使用规范，确保投资使用效益。同时，地方政府还应在财税、投融资、用地、产业融合、富民增收、生态补偿、项目推进、企业扶持、人力资源等方面制定一整套推进森林养生基地旅游景区产业发展的措施。

9.4.2 加强生态环境保护，提高资源品质

1. 启动森林等自然资源的普查工作

掌握资源基本情况、分布特征，明确区域内的保护目标，这是森林养生基地发展的规划依据和工作重点。加强对珍贵森林等自然旅游资源的基础研究，建立科学的分类、调查与评价体系，明确保护对象、保护范围和保护手段，确定核心的保护区域和景观区域等，科学安排发展布局和强度，加大对珍贵资源的保护力度。加大对森林养生基地基础设施的建设和投入力度，提升接待服务品质，满足不同层次的游客需求。努力完善森林养生基地基础设施与旅游接待硬件条件。

2. 组织有针对性的资源保护与利用基础研究

明确保护目标，针对有保护价值的资源，组织具有林业背景的研究所和高校的专家团队，开展资源保护与利用基础研究，科学指导森林养生基地的实践工作。

9.4.3 壮大人才队伍，加强素质建设

1. 强化培养专业人才的平台建设

鼓励各林业院校强化森林旅游及森林养生交叉学科建设，加大森林养生专业型、实用型、技能型人才的培养力度；发展森林养生职业教育，提高从业人员的职业技能水平；加强森林养生在职人员的培训，实施“全国森林养生专业人才培训计划”，重点加强森林养生管理人员、导游和解说人员的专业培训，力争规划期内完成对主要森林养生基地中高级管理人员和导游人员的分级分类培训。

2. 优化人才队伍结构

要积极开展对森林养生基地各类建设管理人员特别是领导干部的岗位培训，不断优化提高干部队伍的整体素质。加强森林养生基地岗位分类研究，完善各类人才分类体系。鼓励专业技术人员特别是离退休专家、教师从事森林养生等专业解说和教育工作。逐步建立森林养生基地各项关键岗位严格的持证上岗制度；积

极引入竞争机制，打破地区、部门和行业界限，对森林养生基地各类管理人员实行公开招聘，竞争上岗，不断提高森林养生基地经营管理的水平。

3. 完善专类人员的培训制度

加强在岗人员的培训，进行定期的培训，采用多种形式，提高现有内部员工的服务水平和整体素养，专类人员（导游、服务、解说、管护等人员）的培训制度等。除了对森林养生基地职工进行旅游专题培训外，还应有计划、有针对性地选派经营管理人员到旅游业发达的地区学习或引进国内知名品牌经营管理公司，通过不同的方式，吸引更多的专业人士投入森林养生基地事业中，通过外来人才的带动加速人才的成长。

9.4.4 强化科技支撑，实现自然和谐

1. 提高森林风景资源保护利用水平

研究制定对我国森林风景资源进行科学分类与普查对森林风景资源资产价值评估的办法，完善对森林风景资源质量及其资产价值的评价体系；研究制定对森林风景资源变化情况进行定期评估的办法，建立科学的景观资源监测体系；进一步完善统计管理办法，建立有利于加强对森林养生基地发展宏观调控和服务的信息管理体系。积极探索和大力推广促进森林风景资源保护、风景林建设管理及对各类森林风景资源合理利用等方面的先进技术，不断提高我国森林风景资源保护利用的科学技术水平。

2. 加强特色林业生态景观资源培育

在森林养生发展过程中，要始终坚持保护优先的原则，对于各类建设工程，必须做好前期研究及对生态系统的影响评估。建立动植物资源档案，并针对重要森林风景资源，如古树名木、珍稀濒危植物、重点保护动物等，根据各自特点，分类分级制定保护措施，逐步建立起资源监测体系。加强特色林业生态景观资源培育、森林养生基地与重要森林风景资源保护、森林等自然资源环境监测与评价等关键技术研究。

3. 实现利用与保护协调

在森林养生发展过程中，要科学布设各类森林养生设施，主要森林养生基地内除了必要的步道、休憩亭椅，以及环卫、安全、解说设施外，不得建设大型基础和服务设施。研究确定各个森林养生基地的生态容量，并确定合理的游客接待数量，并严格按照相关法规、规章要求进行适时休园、整修。最终促进森林养生健康可持续发展。

附　　录

附录 1　森林养生基地质量评定标准

前　　言

本标准按 GB/T 1.1—2009 的规定编写。

本标准由国家林业局国有林场和林木种苗工作总站（国家林业局森林旅游管理办公室）提出。

本标准由国家林业局国有林场和林木种苗工作总站（国家林业局森林旅游管理办公室）归口。

本标准起草单位：西南林业大学、国家林业局国有林场和林木种苗工作总站、中国科学院地理科学与资源研究所。

本标准主要起草人：程希平、陈鑫峰、叶文、董锁成、沈超、李奎、赵敏燕、李宇、李泽红。

森林养生基地质量评定

1. 范围

本标准规定了森林养生基地质量评定的指导原则、森林养生的主要途径与产品形态、森林养生基地的质量指标、评定方法与计分说明等。

本标准适用于全国范围内森林养生基地的建设及质量评定。

2. 规范性引用文件

下列文件对于本文件的应用是必不可少的。凡是注日期的引用文件，仅所注日期的版本适用于本文件。凡是不注日期的引用文件，其最新版本（包括所有的修改单）适用于本文件。

GB 3095　环境空气质量标准

GB 3096　声环境质量标准

GB 15618　土壤环境质量标准

GB 3838　地表水环境质量标准

GB 5749　生活饮用水卫生标准

GB 16153 饭馆（餐厅）卫生标准
GB 50763 无障碍设计规范
GB 50869 生活垃圾卫生填埋处理技术规范
GB 18871 电离辐射防护与辐射源安全基本标准
GB/T 27963 人居环境气候舒适度评价
GB/T 16767 游乐园（场）服务质量标准
GB/T 18005 中国森林公园风景资源质量等级评定
GB/T 10001.1 标志用公共信息图形符号第 1 部分：通用符号
GB/T 10001.2 标志用公共信息图形符号第 2 部分：旅游休闲符号
CJ/T 368 生活垃圾产生源分类及其排放
JTG B01 公路工程技术标准
LB/T 035 绿道旅游设施与服务规范
LB/T 034 景区最大承载量核定导则

3. 术语和定义

下列术语和定义适用于本标准。

3.1　养生 Wellness

根据人类生命发展规律，主动采用各种调摄保养的方法，以增强对外界环境的适应能力和抗病能力，达到颐养生命、增强体质、健康心灵、增进智慧、预防及治疗疾病等目的的活动。

3.2　森林养生 Forest Wellness

充分利用森林资源和环境，科学地发挥森林保健功能，帮助游客精神放松，身体疗养，实现增进（维持）身心健康的总称。

3.3　森林养生资源 Forest Wellness Resources

森林环境中有利于人类健康，可以为森林养生开发利用，并可产生生态效益、社会效益和经济效益的各种要素的总和。

3.4　森林养生文化 Forest Wellness Culture

以森林为载体的有关养护身心的物质文化和精神文化，包括养生的观念、理论和实用方法等。

3.5　森林养生基地 Forest Wellness Base

以森林资源及其生态环境为依托，利用相关配套设施及服务，通过提供多种形式的森林养生项目，以促进游客强身健体、修身养性为目的，满足不同人群生理和心理健康需求的特定区域。

3.6　森林养生步道 Forest Wellness Trail

铺设在森林内空气负离子含量较高、环境优美、植被覆盖率高、植物精气充沛的区域，坡度平缓，以健康养生、休闲放松、释放压力为目的的步道。

3.7　森林健身步道 Forest Fitness Trail

设置在森林内的供人们进行健步走、跑步、自行车骑行、登山等健身活动，达到放松身心、强身健体的专门道路。

3.8　森林养生活动区 Forest Wellness Activity Area

位于森林区域内面积较大、林木稀疏、地势较为平缓、风景资源质量较高的块状区域，供人们进行太极、禅修、瑜伽、冥想、养生操等各类森林养生活动区域。

4. 指导原则

4.1　可持续发展原则

森林养生基地以实现自然和谐与人类社会的可持续发展为宗旨，以森林养生资源的有效保护、永续利用、宣传和繁荣森林养生文化为目标。

4.2　综合效益原则

充分发挥森林养生基地的生态效益、社会效益和经济效益，指导和优化森林养生基地的质量建设。

4.3　科学性原则

基地建设应遵循自然规律及区域特色，并符合相关法律法规及其他管理条例的要求，兼顾科学性、可行性、前瞻性。

5. 森林养生的主要途径与产品形态

5.1 主要途径

5.1.1 森林景观的感知

通过体验独特的森林资源，激发游客积极的心态，达到愉悦心情、修身养性、陶冶情操的活动。

5.1.2 森林环境的利用

利用森林环境中与人类身心健康关联的环境因子，促进游客达到防病治病、康复疗养的活动。

5.1.3 森林空间的应用

利用森林区域的空间及地形等条件，提供满足各类游客需求的运动机会，实现以运动方式促进人类的健康的活动。

5.1.4 森林文化的感悟

通过森林文化内涵的挖掘，和森林文化载体的适度建设，达到或者提升人们对人与自然关系的认知，进而实现提升游客综合文化素养的活动。

5.1.5 森林食材的食用

利用生态、安全、营养的林产品及其初加工食品，满足人类健康的饮食需求，最终实现改善游客的膳食结构，促进人体健康的方法。

5.2 主要产品形态

5.2.1 保健型养生

是指人们沉浸在优美的森林景观中而产生的自然、放松、愉悦的身心状态，达到调节身心健康的目的。如彩林景观、森林音乐、森林美容美体、森林浴、温泉浴等。

5.2.2 康复型养生

充分利用森林中具有药理效果的空气负离子和植物精气等环境对相关慢性疾病的疗效，以达到防病、治病和疗养的目的。如负离子保健、植物精气养生、森林养老养生、心理咨询、体检等。

5.2.3 运动型养生

在森林环境中，通过各种运动来增强体质、减少疾病、促进健康，以达到养生目的。如散步、慢跑、登山、劳作等。

5.2.4 文化型养生

利用森林文化资源，通过森林文化体验等活动提供养生服务，在森林环境中修身养性、开阔视野，提升生命质量。如禅修、太极、瑜伽、养生操、森林冥想等。

5.2.5 饮食型养生

合理利用森林中的食材资源，根据森林食材特有的高品质保健和药用价值，配制食物，以增进健康，获得保健养生需求。如药用食材、有机食品等。

6. 森林养生基地质量指标

6.1 基地面积

集中连片区域不小于 200 hm^2。

6.2 区位及外部交通

6.2.1 基地应与矿山、交通主干道、机场、工业区等相距 5 km 以上。

6.2.2 外部交通便捷，公路等级达到与 JTG B01 规定的三级及以上的公路相贯通。

6.3 森林资源质量

6.3.1 森林覆盖率：基地内陆地森林覆盖率大于 60%。

6.3.2 天然林比率：天然林面积占森林面积的比率不小于 20%。

6.3.3 森林面积：基地及其毗邻区域的森林总面积不小于 400 hm^2。

6.3.4 生物多样性：植被状况良好，动植物种类丰富，物种的生境类型多样，生态系统本土性强，无明显的外来物种入侵问题。

6.3.5 风景资源：拥有相对原始的自然本底，自然与人文资源相对集中，品质较高。

6.4 生态环境质量

6.4.1 环境质量

6.4.1.1 水质及使用：地表水环境质量达到 GB 3838 规定的 I 类。合理利用地下水，矿泉水以及温泉水，达到集约化利用程度。

6.4.1.2 负离子含量：所有测点空气负离子含量大于 1 000 个/cm^3。

6.4.1.3 空气细菌含量：所有测点空气细菌含量小于 1 000 cfu/m^3。

6.4.1.4 PM 2.5 浓度：所有测点 PM 2.5 的 24 小时平均浓度小于 75μg/m^3。

6.4.1.5 噪声：声环境质量达到 GB 3096 的 0 类标准：主要生活区昼间小于 50 dB，夜间小于 40 dB。

6.4.1.6 人体舒适度指数：一年中主要养生区域人居环境气候舒适度符合

GB 27963 标准，其中 3 级（舒适）的天数不低于 90d。

6.4.1.7 土壤质量：土壤无化学污染达到 GB 15618 规定的一级指标。

6.4.1.8 环境辐射：远离天然辐射高本底地区，无通过工业技术发展变更的天然辐射，无有害人体健康的人工辐射，参照标准 GB 18871 总体辐射应低于公众年平均有效剂量限值 1 mSv/年。

6.4.1.9 其他环境空气污染物（二氧化硫、二氧化氮、一氧化氮、臭氧）：按照 GB 3095 环境空气质量标准，浓度限值达到一级浓度限值。

6.4.1.10 森林健康：基地内无大面积病虫害，无大量有害人体健康的物种。

6.4.1.11 环境监测：应进行持续的环境监测，各项环境质量指标有 85%以上样品符合本标准要求。

6.4.2 生态环境

6.4.2.1 生态系统的原生状态保持完整，特色鲜明，生态价值和科研价值较高。

6.4.2.2 地形地貌完好，无开矿采石、挖沙取土等改变地形地貌的活动。

6.4.2.3 无对生态环境影响的生产活动，无商品林采伐行为，无与基地管理无关的耕作行为。

6.4.2.4 针对珍稀濒危等物种制定专项保护计划。

6.4.2.5 不宜使用化肥与杀虫剂。遇有大范围病虫灾害时，应在生态专家指导下采取人工干预。

6.4.2.6 应进行持续的生态监测，监测记录完整、准确。

6.4.3 资源利用

6.4.3.1 应利用可再生资源、集约化程度较高。

6.4.3.2 注重保护水、土等自然资源，节约并合理利用。

6.4.4 分区利用

6.4.4.1 明确划分接待区、游憩区、养生区等功能区，合理配置各功能区的面积。

6.4.4.2 服务与接待设施选址应设在生态环境低敏感区域，规模不宜过大。

6.4.4.3 对接待游客人数过多、过频和过密的区域，宜采取分时段、分区域控制游客规模，以及轮值开放与休游措施，符合 LB/T 034 标准。

6.5 设施与服务

6.5.1 住宿：基地内具有卫生、舒适、安全的住宿条件，应具有一定数量的、不同档次、不同类型、地理位置合理且能提供养生服务的住宿设施。

6.5.2 餐饮：基地内具有卫生、便捷的用餐条件，具有一定数量的接待餐位，能够提供生态、安全的餐饮食材，有专门的森林养生食谱，符合 GB 16153 饭馆（餐厅）卫生标准。

6.5.3　内部交通：游览线路、养生步道以及健身步道等布局合理，线路布局地域生态修复强，材料生态环保，安全可靠，符合 LB/T 035 标准。具备无障碍通道，无障碍设施符合 GB 50763 要求。采用环保交通工具。

6.5.4　导览标识：采用当地环保材料，标识内容清晰易懂，可读性强，符合 GB/T 10001.1 与 GB/T 10001.2 标准。

6.5.5　停车场：规模应与基地的游客接待容量相适应，与养生环境相协调，且生态环保。

6.5.6　通讯：根据基地内管理布局、用户数量、利用建设和保护管理的需要统筹布局，实现通讯网络全覆盖。

6.5.7　用水：生活用水水量充足，尽量考虑水资源的循环利用，生活饮用水达到 GB 5749 卫生要求。

6.5.8　供电、供热：线路铺设合理，不得破坏景观，同时应符合安全、节约和便于维修的要求，尽可能采用太阳能、风能、沼气等清洁能源。

6.5.9　厕所：公共厕所数量充足，服务半径不大于 500m，厕所蹲位数应与游客分布密度相适应，布局合理，干净卫生，配有第三方厕所（如残疾人、孕妇、母婴），且全部采用生态厕所。

6.5.10　垃圾处理：垃圾箱隐蔽美观、数量充足、位置合理，做到分类收集、集中处理，日产日清。垃圾排放标准符合 CJ/T 368 要求，生活废弃物处理符合 GB 50869 生活垃圾卫生填埋处理标准。

6.5.11　污水处理：设施完备，集中收集。污水排入自然水体或排入市政管网应符合相关行业污水排放的要求，污水处理率大于 90%。

6.5.12　安全：基地内所有活动场所及设施，必须能确保人员安全，消防、救护等设施完备，并设置相关的安全防护设施和安全提示标识，游览内容及设施符合 GB/T 16767 游乐园（场）服务质量标准。

6.5.13　医疗：基地内医疗保健设施齐全并配置相关的技术人员，与该地区相关的医疗保健机构保持密切合作，设置长期的医疗保健项目并开展地方特色的森林养生疗法。

6.5.14　工作人员：所有工作人员须经过必要的业务培训，并取得相应的合格证书，能胜任相应岗位的工作，从业人员还应持有卫生部门统一颁发的健康证上岗，可为游客提供必要的养生指导和服务。

6.5.15　服务：设立统一的投诉受理机构，投诉渠道通畅、处理及时。配备充足的森林养生专业指导人员，森林养生指导服务体系完整。

6.5.16　管理：拥有专门的森林养生规划与项目设计。建立森林养生客户档案，并制定保密协议。具有广告宣传对策，应提供森林养生相关知识的科普服务。

7. 评价内容与计分说明

7.1 评价内容

本标准第 6 部分为森林养生基地质量评价内容，应满足相应指标的要求。

7.2 计分说明

7.2.1 对第 6 部分的相关指标采取量化分级打分评定，评分标准共计 100 分（附表 1）。

7.2.2 根据评分分值将森林养生基地质量分为三个等级。一级森林养生基地：分值≥85；二级森林养生基地：70≤分值<85；三级森林养生基地：60≤分值<70。

附表 1（规范性附录） 森林养生基地量化指标分级和分值表

序号	项目		项目指标与量化分级	分值	评价得分
1	森林养生资源（25 分）	基地面积	≥800 hm^2	5	
			500～800 hm^2	4	
			200～500 hm^2	3	
2		基地森林覆盖率	70%～80%	5	
			60%～70%	4	
			≥80% 或者 ≤60%	3	
3		天然林比率	≥50%	5	
			35%～50%	4	
			20%～35%	3	
4		基地及毗邻森林总面积	≥1 200 hm^2	5	
			800～1 200 hm^2	4	
			400～800 hm^2	3	
5		森林风景资源质量（根据 GB/T 18005 的评分值）	≥25 分	5	
			20～25 分	4	
			15～20 分	3	
6	森林养生环境（30 分）	人居环境舒适度 3 级的天数（根据 GB/T 27963 的分级）	≥150 d	4	
			120～150 d	3	
			90～120d	2	
7		空气负离子含量	≥5 000 个/cm^3	8	
			3 000～5 000 个/cm^3	6	
			1 000～3 000 个/cm^3	4	

续表

序号	项目		项目指标与量化分级	分值	评价得分
8	森林养生环境（30分）	空气细菌含量	≤250 cfu/m^3	5	
			250～500 cfu/m^3	4	
			500～1 000 cfu/m^3	3	
9		PM 2.5	≤25 μg/m^3	5	
			25～37.5 μg/m^3	4	
			37.5～75 μg/m^3	3	
10		声环境	昼间 ≤40 dB；夜间≤30 dB	3	
			昼间 40～50 dB；夜间 30～40 dB	2	
11		资源环境利用	生态系统的原生状态保持完整，再生资源集约化利用程度高，分区合理	5	
			生态系统的原生状态保持较完整，再生资源集约化利用程度较高	4	
			生态系统的原生状态保持较完整，或者再生资源集约化利用程度较高	3	
12	森林养生设施（25分）	食宿设施	食宿设施数量充足、类型丰富、舒适安全、森林养生食谱与设施完备	5	
			食宿设施数量充足、舒适安全、森林养生食谱与设施较完备	4	
			有简单食宿设施，并能提供一定的森林养生食谱与设施	3	
13		森林养生步道长度	≥5 km	5	
			4～5 km	4	
			3～4 km	3	
14		森林健身步道长度	≥10 km	5	
			8～10 km	4	
			5～8 km	3	
15		森林养生活动区面积	≥1 000 m^2	5	
			700～1 000 m^2	4	
			400～700 m^2	3	
16		养生产品类型	具有保健型、康复型、运动型、文化型、饮食型养生产品的3个或3个以上森林养生产品类型	5	
			具有2个森林养生产品类型	4	
			仅具有1个森林养生产品类型	3	

续表

序号	项目		项目指标与量化分级	分值	评价得分
17	森林养生管理与服务（20分）	森林养生规划	有专门的森林养生规划及详细项目设计	5	
			有专门的森林养生规划，但缺乏详细项目设计	4	
			没有专门的森林养生规划，但在相关规划中有养生内容	3	
18		宣传推广	广告宣传方案完整、实施到位、推广效果显著	5	
			有广告宣传方案、推广效果一般	4	
			仅有广告宣传方案、未推广	3	
19		森林养生指导	森林养生指导体系完善、森林养生专业性指导人员配备充分	5	
			有一定的森林养生指导设施和内容、森林养生专业性指导人员配备较充分	4	
			结合旅游解说有森林养生指导内容、有兼职的森林养生专业性指导人员	3	
20		森林养生客户档案	有系统完整的森林养生客户档案	5	
			有森林养生客户档案资料但不系统完整	4	
			有森林养生客户的简单记录	3	
合计总分				100	

附录2　首批全国森林养生基地概况

1. 河北六里坪森林养生基地

六里坪森林养生基地地处河北省兴隆县内，面积为2 250公顷，地处暖温带，夏季气候凉爽宜人，适合避暑休闲。年平均气温在7.5～8.5℃，最热月平均气温在22.5～23.5℃。年平均降水量为800毫米，年均相对湿度在60%以上，属大陆性季风气候。森林植被属温带针阔混交林。河北六里坪森林养生基地内原始生态环境保持较好，资源丰富，拥有森林、高山、峡谷、奇石、溪瀑、湖泉、冰雪七大类资源。同时，河北六里坪森林养生基地区位优势较好，处于京、津、唐、承、廊五市结合部，距北京130千米、距天津150千米、距唐山130千米、距廊坊160千米，距承德避暑山庄145千米。

河北六里坪森林养生基地在充分保护、合理利用生态资源的基础上，以森林、山地、中医药、田园等资源为载体，以“森林养生、休闲旅游养老”为主题建设具有良好文化品位、景色优美、设施齐全、安全文明、内容丰富的森林养生基地。目前，基础设施有步道、休闲木屋（附图1）等。老年康养中心、森林医养医学中心、小镇中心、木屋别墅、水上演绎餐厅、国际商务会议中心、森林体验区等建设项目紧扣森林养生和生态体验主题，充分发挥森林的生态和保健功能。

附图 1　河北六里坪森林养生基地休闲小屋

2. 安徽马仁山森林养生基地

安徽马仁山森林养生基地（附图 2）位于安徽省芜湖市繁昌县内，有“皖南张家界，江滨小黄山”之称。安徽马仁山森林养生基地属于亚热带气候区，气候温和，冬夏长、春秋短，湿度较大，光照充足，四季分明，年平均气温为 15℃。总面积为 245.2 公顷，森林覆盖率在 96%以上，植物共有 68 科 600 余种，天然木本花卉数十种，以天然阔叶林为主。安徽马仁山森林养生基地交通条件便利，地文资源、水文资源、生物资源、人文资源、天象资源丰富。安徽马仁山森林养生基地内基础设施较好，重要景点和景区均采用石质步道连接，总长 6 千米，宽 1.2 米。同时安徽马仁山森林养生基地内拥有完善的医疗设施、环卫设施、运动设施、接待设施。

安徽马仁山国家森林养生基地利用即将投资开发建设丛林穿越溜索、森林魔幻迷宫等森林探险项目，与江南大学、中国海洋大学、安徽工程大学等高等院校，就楠木林资源及山泉水资源进行专题合作，通过开发、引进、研制和生产楠木纪念品、楠木精油、天然山泉水等森林养生特色旅游商品，并利用国内罕见的原始楠木林高达 2 万个/厘米^{3}的负氧离子资源，开发养生项目，为游客消除疲劳、提高健康水平。安徽马仁山森林养生基地为集旅游度假、养生餐饮、康健特色医疗于一体的国家森林养生基地。

附图 2　安徽马仁山森林养生基地

3. 安徽丫山森林养生基地

安徽丫山森林养生基地位于安徽省芜湖市南陵县内，面积为 252 公顷，属于亚热带湿润型季风气候，四季分明，年平均降水量为 1 368.1 毫米，年平均气温为 15.6℃，7 月最高气温为 28.3℃，1 月最低气温为 2.7℃，无霜期一般在 224～230 天。安徽丫山森林养生基地以喀斯特地貌为主，植被类型为亚热带常绿阔叶林，原有次生植被现存不多，尚有 55.3 公顷左右天然植被保存完好，森林覆盖率为 81%。安徽丫山森林养生基地植物种类丰富，植物组成成分复杂，分布有次生常绿阔叶林、人工针叶林、灌木林和稀疏乔木等，乔灌树种分布有 30 多科 120 多种。安徽丫山森林养生基地盛产杜仲、桔梗、绞股蓝、八角莲、何首乌、半夏、夏枯草、前胡等中草药。

安徽丫山森林养生基地内大气质量较好，空气清新，经环境保护部门检测，结果表明大部分达到国家空气质量一级标准，地面水达到或优于国家地面水环境质量Ⅱ类标准。以牡丹园为核心，借助基地特有的喀斯特石林地貌景观，已建项目包括游览休憩步道、户外运动基地、花海观光基地、牡丹茶舍、森林探险乐园、中药博物馆和牡丹博物馆等。同时，安徽丫山森林养生基地与浙江大学、芜湖职业技术学院、皖南医学院等高等院校及科研机构就凤丹产品开发进行多次专题合作，研制出牡丹花茶、丹皮参、牡丹籽油、牡丹酒等森林养生产品。安徽丫山森林养生基地借助丫山万亩牡丹资源优势和华东地区罕见的喀斯特地貌景观（附图 3），以“休闲、养生”为主题，配合森林浴、植物图鉴、垂钓等活动，将运动健身、休闲养生和自然山水巧妙融合，利用安徽丫山森林养生基地内含量较高的植物精气和高浓度的负离子，将基地打造成为集旅游度假、生态餐饮、养生康健、特色医疗于一体的森林养生基地。

附图 3　安徽丫山森林养生基地

4. 福建旗山森林养生基地

福建旗山森林养生基地（附图 4）位于福州闽侯南屿，地处戴云山脉向东延伸的丘陵地带，面积为 65.8 公顷。福建旗山森林养生基地气候宜人，雨量充沛，绿树长青，属于暖湿的亚热带季风气候，无霜期长达 326 天，年均气温为 16～20℃，年均降水量为 900～2 100 毫米，年相对湿度约为 77%。福建旗山森林养生基地森林覆盖率达 92%，负离子浓度高，每立方厘米为 1.3 万～1.5 万个。福建旗山森林养生基地内有自然原始温泉资源，富含偏硅酸且为国内少见的富硒温泉。

福建旗山森林养生基地基础设施完善，森林养生项目覆盖全面，依托当地独特的地质地貌、温泉资源和森林资源，从老年人的生活特点入手开发了松果庄园酒店、松文化主题温泉、温泉主题木屋别墅、环山登山道、茉莉花茶体验馆、老年康养中心、老年活动中心、老年国学课堂、禅意园林、老年医学中心、森林氧吧康体区、温泉中心、水疗、热力理疗、老年理疗课程、森林博物馆、森林艺术家工坊、森林瑜伽室等项目及配套设施。福建旗山森林养生基地充分利森林康养区用场地自然水、林生态资源形成优美宜居的空间结构；合理安排生活服务配套设施，形成科学合理的总体功能布局；构建整体生态绿化景观休憩系统，以及森林体验、康养设施配套系统。

附图 4　福建旗山森林养生基地

5. 湖北潜山森林养生基地

湖北潜山森林养生基地（附图 5）位于湖北省咸宁市城区，地理坐标为东经 114° 36′，北纬 29° 48′，总面积为 1 333.3 公顷，森林覆盖率达 95.6%。湖北潜山森林养生基地属于低山丘陵地貌，地处典型的亚热带季风气候区，气候温和，雨量充沛，四季分明，无霜期长达 260 天。年平均气温为 16.8℃，最热月份（7 月）平均气温为 28℃，最冷月份（1 月）平均气温为 4℃，年降雨量为 1 700 毫米，年日照时数为 1 234.6 小时。森林小气候特征明显，夏季林内温度要比林外低 2～3℃，干燥季节林内空气湿度明显高于林外，空气清新，负离子含量较高，现有的森林植被多为人工林。共有各类树木 471 种，隶属 70 科 164 属，其中桂花品种 34 个、竹品种 123 个。主要树种有杉木、马尾松、毛竹、樟树、雷竹、苦槠和马褂木等。

附图 5　湖北潜山森林养生基地

湖北潜山森林养生基地依托潜山森林公园，环公园开发三江森林养生温泉、碧桂园森林中药养生温泉等特色养生项目，建设森林公园环山健康养生步道 10.6 千米，同时配套完善基础设施，为游客提供登山健身、森林浴等森林养生服务。同时充分挖掘和融合本地食疗、药疗、水疗、芳香疗、温泉疗等传统养生文化，积极开发具有本地特色的森林浴、森林休闲、森林养生、芳香疗养、森林食疗、森林茶疗、森林健身、森林医疗（森林医院）、森林温泉疗养等特色森林疗养产品系列。

6. 湖北太子山森林养生基地

湖北太子山森林养生基地（附图 6）位于湖北省江汉平原与大洪山余脉交接处，京山南部，面积约为 2 962 公顷，森林覆盖率为 80.4%，年降水量在 800 毫米以上，属中亚热带季风气候，年平均气温为 16.4℃，四季分明，光照充足，热量丰富，雨量充沛，大气环境、水环境、声环境质量优良，气候宜人。

湖北太子山森林养生基地交通便利，区位条件优越，基础设施完善，目前拥有医养雅院、森林氧吧、食养山房、康体中心、森林度假屋等森林养身项目。其突出森林养生的生态文化内涵，凝练森林养生的特征要素，利用太子山的静养优势，突出食养、形养并上升到气养境界。

附图 6　湖北太子山森林养生基地

7. 湖南青羊湖森林养生基地

湖南青羊湖森林养生基地（附图 7）位于湖南省宁乡县，总面积为 1 129.1 公顷，青羊湖水域面积为 1.3 万亩，属于中亚热带向北亚热带过度的大陆性季风湿润气候，四季分明，水热充足，年平均气温为 15～16.2℃，年平均湿度为 85%～88%，森林植被类型多样，珍稀树种及其群落丰富，古树名木众多，植物植被景观优美，生态环境良好。

附图 7　湖南青羊湖森林养生基地

湖南青羊湖森林养生基地内拥有完善的养身配套设施及项目，建设有特种林康养区、空中密林康养区、临湖康养区，建设康养大道（3 千米）、康养步道（10 千米）、森林康养综合服务中心。湖南青羊湖森林养生基地依托优质的生态环境和森林文化，通过智慧旅游和医疗旅游等方式，开展以运动养生、医疗养生、饮食养生和中医药养生为内容的养生活动。

8. 广西龙胜温泉森林养生基地

广西龙胜温泉森林养生基地（附图 8）位于广西壮族自治区龙胜县东北部，总面积为 1 803.4 公顷，其中林地面积为 1 725.2 公顷，森林覆盖率为 95.66%。广西龙胜温泉森林养生基地内植被茂密，森林覆盖率高，中亚热带常绿阔叶林保存较好，自然景观类型多样，有类型丰富的天然林景观、奇花异木景观及珍稀动植物景观。早在 1984 年，龙胜县就开始对温泉进行开发，经过多年的建设，已建有浴池、宾馆、度假村、商场、餐馆、保健中心、娱乐中心、停车场等基础服务设施，建成了温泉中心酒店和水疗宾馆，突出森林生态康养、森林生态科普、森林生态休闲的主题，以生态为背景，通过参与性、互动性、体验性的项目将森林生态资源优势转换为旅游市场产品优势，凸显森林生态教育、森林环境康养的特征。

附图 8　广西龙胜温泉森林养生基地

9. 陕西黄陵森林养生基地

陕西黄陵森林养生基地（附图 9）位于黄陵县城西南部 40 千米的桥山林区，沮河（古称姬水）上游，总面积为 800 公顷。最高海拔为 1 547 米，年平均温度为 9.4℃。陕西黄陵森林养生基地内森林茂密葱郁、环境清雅宜人，地貌奇特典型，气候湿润；以黄帝文化为主脉的人文景观资源源远流长。百药沟被称为黄土高原上的“药谷”，中草药资源丰富。目前，陕西黄陵森林养生基地对内外部相关配套工程进行了建设，拥有较为完备的基础设施及接待设施。其养生项目大体分为运动养生、养性养生、中医药养生、膳食养生四大板块。

附图 9　陕西黄陵森林养生基地

附录 3　相 关 文 件

国家林业局森林旅游工作领导小组办公室
国家林业局森林公园管理办公室

林园旅字〔2016〕18 号

关于公布第一批全国森林体验基地和全国森林养生基地试点建设名单的通知

各省、自治区、直辖市林业厅（局），内蒙古、吉林、龙江、大兴安岭森工（林业）集团公司森林旅游主管处室：

为了深入贯彻《国家林业局关于大力推进森林体验和森林养生发展的通知》（林场发〔2016〕3 号）精神，我办于 2 月下发了《关于启动全国森林体验基地和全国森林养生基地建设试点的通知》（林园旅字〔2016〕17 号）。经过对各地推荐的试点建设单位进行认真审核遴选，我办认为，辽宁枫林谷等 18 个基地具备资源本底好、发展思路清晰等较好的试点建设基础条件优势，决定在这 18 个基地率先开展全国森林体验基地和全国森林养生基地试点建设，现予公布（附件 3-1、附件 3-2）。

开展全国森林体验基地和全国森林养生基地试点建设是大力推进森林体验和森林养生发展的重要举措，各地要按照林场发〔2016〕3 号文件要求，切实加强领导，加强指导和扶持力度，力争把基地建设工作抓实、抓好。

各试点建设单位要积极探索，努力创新森林体验和森林养生发展的新方式、新路径，要按照总体规划要求，加快完善基础服务设施，加强人才队伍建设，努力打造各具特色的森林体验和森林养生产品，为推进全国森林体验和森林养生发展出经验、树样板。

当前，各试点建设单位应尽快研究制定试点工作方案，试点工作方案要突出自身优势和特色，明确总体思路、建设重点、进度安排、保障措施等内容。试点工作方案经本省（区、市）林业厅（局）审核同意后，于9月20日前报我办。

我办将加强试点建设的业务指导、经验交流、人员培训等工作。各试点建设单位请于每年12月31日前将年度试点工作总结报我办。

特此通知。

国家林业局森林公园管理办公室

2016年7月7日

附件3-1　第一批全国森林体验基地试点建设名单

编号	基地名称	建设单位
1	辽宁枫林谷森林体验基地	辽宁桓仁枫林谷森林公园旅游有限公司
2	吉林红叶岭森林体验基地	吉林蛟河林业实验区管理局
3	吉林红石石峰森林体验基地	吉林白河林业局
4	江苏铁山寺森林体验基地	江苏铁山寺国家森林公园管理委员会
5	江苏黄海森林体验基地	江苏东台黄海森林公园景区管委会
6	湖南杜家冲森林体验基地	湖南省林业科学研究院
7	四川玉屏山森林体验基地	四川瓦屋山国家森林公园管理处
8	云南磨盘山森林体验基地	云南磨盘山国家森林公园管理所
9	甘肃秦州森林体验基地	甘肃省天水市秦州森林体验教育中心

附件3-2　第一批全国森林养生基地试点建设名单

编号	基地名称	建设单位
1	河北六里坪森林养生基地	河北兴隆县六里坪林场
2	安徽马仁山森林养生基地	安徽马仁奇峰文化旅游股份有限公司
3	安徽丫山森林养生基地	安徽丫山花海石林旅游股份有限公司
4	福建旗山森林养生基地	福建森林人家投资发展有限公司
5	湖北潜山森林养生基地	湖北咸宁市林业局潜山试验林场
6	湖北太子山森林养生基地	湖北太子山旅游开发有限公司
7	湖南青羊湖森林养生基地	湖南青羊湖国有林场
8	广西龙胜温泉森林养生基地	广西龙胜温泉国家森林公园管理处
9	陕西黄陵森林养生基地	陕西黄陵国家森林公园有限公司

国家林业局森林旅游工作领导小组办公室
国家林业局森林公园管理办公室

林旅字〔2017〕13 号

国家林业局森林旅游管理办公室关于印发《全国森林体验基地和全国森林养生基地试点建设工作指导意见》的通知

各省、自治区、直辖市林业厅（局），内蒙古、吉林、龙江、大兴安岭、长白山森工（林业）集团公司：

为贯彻落实《国家林业局关于大力推进森林体验和森林养生发展的通知》（林场发〔2016〕3 号）要求，进一步提高试点建设成效，为社会提供多样化、高品质的森林体验和森林养生服务，我办研究制定了《全国森林体验基地和全国森林养生基地试点建设工作指导意见》（附件 3-3），现印发你们，请遵照执行。

国家林业局森林旅游管理办公室

2017 年 6 月 15 日

附件 3-3

全国森林体验基地和全国森林养生基地试点建设工作指导意见

森林体验和森林养生是新时期我国森林旅游发展的重要新业态。开展全国森林体验和森林养生基地试点建设是促进森林体验和森林养生事业规范、有序发展的重要途径，为切实抓好全国森林体验和森林养生基地试点建设工作，特提出如下意见。

一、试点建设总体要求

（一）指导思想

依托森林等自然资源及民俗文化资源，充分发挥其景观、文化、环境、空间等多种优势，以公众多样化需求为导向，以拓展森林多功能利用、提高资源的保护性利用水平为目标，努力打造各具特色的森林体验和森林养生产品。

（二）基本原则

1. 立足于发挥资源与环境的各项优势。
2. 立足于突出当地特色。
3. 立足于打造功能完整的森林旅游产品。

（三）主要途径

1. 充分吸收国内外先进理念和做法。

2. 广泛吸引社会投资与技术。

3. 推动林业与体育、文化、医学等行业的有机结合。

4. 突破现有模式，积极开拓创新。

（四）总体目标

每个试点单位通过3～5年努力，完成试点建设工作。基地基础服务设施完善、产品特色鲜明、功能服务配套、人员训练有素，能够为公众提供比较系统、专业的森林体验或森林养生服务。

二、主要产品方向

（一）森林体验产品

森林体验产品主要包括以下几个方面：

1. 接触体验。指与野生动植物及岩石、水体等亲密接触的体验。

2. 认知体验。指通过观察和学习，提高对大自然认知水平的体验。

3. 运动体验。指参与各类适合林区环境特点的运动项目的体验。

4. 休闲体验。指感受大自然的辽阔、静谧、神奇以及参与相关休闲活动的体验。

5. 生活体验。指各具特点的饮食起居体验。

6. 生产体验。指参与林业相关作业的体验。

7. 文化创作体验。指各类从事文化艺术活动的体验。

8. 探险体验。指在林区探奇并获得刺激感受的体验。

（二）森林养生产品

森林养生产品主要包括以下几个方面：

1. 森林浴养生。指在森林中沐浴清新空气，以发挥植物精气、负离子等环境因子优势为重点的养生方式。

2. 中医药养生。指以利用中医药及中医养生方法改善健康状况为重点的养生方式。

3. 膳食养生。指以利用森林食品为重点，通过有针对性的膳食结构达到改善健康状况的养生方式。

4. 温泉养生。指以发挥温泉的养生功效为重点的养生方式。

5. 运动养生。指通过在森林环境中开展各类运动以改善健康状况的养生方式。

6. 文化养生。指通过各类有针对性的文化活动以改善健康状况的养生方式。

7. 其他养生。指上述方式以外的各种养生方式。

三、试点建设要点

（一）明确基地范围。基地可以是现有森林旅游地（森林公园等）的一部分，也可以是其他森林区域。必须做到范围明确、四至清晰，在基地范围内，所有管理、建设、经营工作都应围绕提供高品质的森林体验或森林养生服务展开。

（二）做好与相关规划的衔接。基地建设应当满足相关上位规划的控制要求，必要时应编制符合相关规定的专项规划，以确保各项工作的顺利推进。

（三）做好总体策划。应多方听取相关领域专家学者或具有时间经验的经营管理者的意见，学习借鉴国内外成功经验，从自身资源、环境、文化等实际情况出发，分析竞争优势，找准定位，并确定基地的总体发展方向、建设与服务重点以及实施途径等。

（四）编制试点建设工作方案。在上述工作基础上，组织编制试点建设工作方案，工作方案的重点是基地建设总体思路、主要建设项目及规模、试点建设进度安排、人才队伍培养计划以及投资额、资金渠道等。

（五）扎实推进各项建设。要按照工作方案要求，加大投入力度，加快完善基础服务设施。

（六）加快人才队伍建设。要根据基地建设发展需要，加快引进专业人才，加强对从业人员的各类业务培训。

（七）积极吸引社会投资与技术。应当与具备一定投资能力、具备相应专业背景的企业、社团等加强合作，按照互惠互利原则，加快基地建设进度，提高经营与服务的专业水平。

（八）加强交流学习。要扩大对外交流，学习先进理念，借鉴成功做法。

（九）及时总结经验。在试点建设工程中，要及时总结经验和不足，根据各方面反馈意见，不断完善管理、建设与服务工作。

（十）加强组织管理。各试点建设单位应加强对基地建设的组织管理，健全制度，明确责任。

四、试点建设注意事项

（一）必须符合相关法律、法规、规章的要求。

（二）避免包罗万象，主题不突出，主线不清楚，产品不完整。

（三）避免照搬照抄，产品雷同。

（四）发展森林养生要突出发挥森林的养生功效，不得夸大对疾病的医疗作用。

（五）坚持面向大众，不允许建会所或提供变相的会员服务。

（六）不得将医院、疗养院、养老院等大型医疗、养老设施纳入基地建设范围。

国家林业局文件

林场发〔2016〕3号

国家林业局关于大力推进森林体验和森林养生发展的通知

各省、自治区、直辖市林业厅（局），内蒙古、吉林、龙江、大兴安岭森工（林业）集团公司，新疆生产建设兵团林业局，国家林业局各司局、各直属单位：

为深入贯彻落实党的十八届五中全会精神和《中共中央 国务院关于加快推进生态文明建设的意见》（中发〔2015〕12号），进一步发挥森林多种功能，有效利用森林在提供自然体验机会和促进公众健康中的突出优势，更好地推动森林旅游健康快速发展，现就有关事项通知如下：

一、充分认识发展森林体验和森林养生的重要意义

森林体验是人们通过各种感官感受、认知森林及其环境的所有活动的总称。通过有目的的森林体验设计和引导，可以帮助人们更好地了解自然及自然与人类生存与发展的关系，激发人们的创造性，并自觉培养起尊重自然、顺应自然、保护自然的生态情怀。森林养生是利用森林优质环境和绿色林产品等优势，以改善身体素质及预防、缓解和治疗疾病为目的的所有活动的总称。充分利用森林的体验和养生功能，是发挥森林多功能的重要途径，是加快转变林业发展方式、激发林业生产力的重要途径，也是加强生态文明建设和健康中国建设的重要途径，它与人们日益增长的精神文化需求相契合，与建设生态文明和推动绿色发展的时代要求相契合。加快森林体验和森林养生发展，有助于推动森林旅游的创新发展和绿色发展，有助于发挥林业在弘扬生态文明、改善民生福祉中的巨大潜力。

二、加强对外交流，做好国外先进经验的引进、吸收和转化工作

森林体验和森林养生是经济社会发展的必然产物，它体现了人们对人与自然关系认识的提高，体现了人们在基本的物质生活条件得以满足后，对生活品质和精神文化领域的更高追求。在德国、日本、韩国等发达国家，发展森林体验和森林养生已经有几十年历史，甚至已经成为青少年成长过程中的一门“必修课”，成为现代生活的一个重要组成部分。这些国家在探索发展森林体验和森林养生过程中积累了丰富的经验，值得我们学习和借鉴。各地要加强与相关国家和地区的交流，积极引进先进理念、成功经验和做法，并积极推动双边和多边合作。同时，要根据我国的国情、林情和各地实际情况，创造性地推动森林体验和森林养生发

展，避免照搬照抄、千篇一律。

三、加快硬件软件建设，高起点高标准推动森林体验和森林养生发展

有条件的森林公园、湿地公园、林业系统自然保护区以及其他类型森林旅游地，要把发展森林体验和森林养生纳入总体规划，大力加强硬件、软件建设，积极打造高质量的森林体验和森林养生产品。要根据森林旅游地的不同特点，明确森林体验和森林养生发展的主要方向、建设重点和功能布局。要在观光型体验的基础上，不断拓展和提升人们在认知、运动、生产、生活等方面的体验机会，增强游客参与性，提高满足感。要把加强对未成年人的自然教育作为森林体验的重点，结合对中小学生的自然教育要求，把森林旅游地建设成为对未成年人进行自然知识普及和生态道德教育的最生动的课堂。要在开展一般性休闲游憩活动的同时，为人们提供各有侧重的森林养生服务，特别是要结合中老年人的多样化养生需求，构建集吃、住、行、游、娱和文化、体育、保健、医疗等于一体的森林养生体系，使良好的森林生态环境真正成为人们的养生天堂。要加强森林体验（馆）中心、森林养生（馆）中心、森林浴场、解说步道、健身步道等基础设施建设，完善相关配套设施。要加强人才队伍建设，注重各类专业人才培养，建立志愿者队伍，不断提高相关工作的科学性、专业性，不断提高各项活动的组织管理水平。

四、强化组织领导和相关扶持，推动森林体验和森林养生规范快速发展

各级林业主管部门要加强领导，认真研究，积极探索，不断创新森林体验和森林养生发展的新方式、新路径。要大力加强制度化、标准化建设，引导森林体验和森林养生事业规范、有序发展。要在推进国（境）内外交流的基础上，逐步形成中外合作的长效机制，不断推进在政策、规划、标准、培训以及森林体验和森林养生产品开发等领域的深度合作。鼓励有条件的森林旅游地与国（境）外相关单位缔结姊妹关系，促进人员往来和业务合作。要把发展森林体验和森林养生作为各级林业基本建设、林业产业扶持、林业重点工程、林业信贷等的重要支持方向，积极争取相关中央投融资项目和地方财政支持，鼓励社会资金依法进入森林体验和森林养生产品开发领域。要在完善相关制度、标准的基础上，建立一批森林体验基地和森林养生基地，不断提高专业化服务水平，更好地满足人们日益增长的森林体验和森林养生需求。

特此通知。

国家林业局
2016 年 1 月 7 日

附录4 相 关 资 料

森林养生——森林旅游发展的重要方向

国家林业局森林旅游管理办公室副主任 杨连清

近年来，森林养生事业红红火火，人们对森林养生的认识越来越高，需求越来越大，毫无疑问，森林养生的发展前景很好。同时，我们也应认识到，森林养生事业刚刚起步，要走的路还很长，到底该怎么往前走需要进一步思考和厘清。

一、大健康背景下的选择

林业与“健康中国”建设具有紧密联系，特别是，森林旅游可以在促进全民健康中发挥巨大的、不可替代的作用。2016 年 8 月下旬，全国政协副主席罗富和到张家界调研森林旅游工作时指出，实现“健康中国”战略、把以治病为中心向以健康为中心转变，森林旅游发展要放在大健康背景下寻找新契机，要充分利用得天独厚的森林资源和生态环境，推动森林旅游从观光旅游向休闲旅游和健康旅游转变。

发展森林养生，符合国家最新政策，有利于促进森林的多功能利用，有助于满足公众的多样化需求，同时，也为巩固林业改革成果、助推林区转型发展提供了一个重要选项。

近年来，国家林业局高度重视森林养生工作，相关领导多次做出批示，要求认真研究并积极推动森林养生发展。2014 年，国家林业局把推动森林体验和森林养生发展确定为今后一个时期我国森林旅游发展的重要方向，开展了多项重要工作。2016 年年初国家林业局下发《关于大力推进森林体验和森林养生发展的通知》，明确了发展森林养生的方向和基本要求。2016 年 8 月，国家林业局森林公园管理办公室遴选公布了全国共 18 个森林体验和森林养生基地试点建设单位，同时组织制定《森林体验基地质量等级评定》《森林养生基地质量等级评定》林业行业标准，审定了各试点单位的试点建设方案，起草了相应的指导意见和管理办法等。下一步，将以推动基地建设为抓手，以行业引导、业务指导、政策扶持等为手段，通过 3～5 年努力，力争为社会提供一批高质量的森林体验和森林养生产品。

二、森林养生产品的打造

发展森林养生，关键是推出有竞争力的森林养生产品。

（一）森林养生产品的突出优势

从业务层面看，发展森林养生有很多突出优势。

1）容易开拓市场。现在公众的养生需求很旺盛，城市的污染问题更刺激了人们走进森林、享受纯净自然的欲望。

2）有助于推动低碳发展。发展森林养生，重在利用森林及其环境，有利于维护、改善人体健康的自然和文化元素。打造森林养生产品，需要有良好的资源和环境条件，好林子、好空气、好水质等都是基本的物质条件，是经营管理者必然会精心维护的。同时，发展森林养生，不需要较大的开发强度，且更多地使用绿色材料、绿色能源等。

3）养生产品的谱系宽，为森林旅游地提供了较大的选择空间。养生产品可以多种多样，包括采取不同的形式、针对不同的群体等，经营管理者有足够的空间因地制宜地打造养生产品。

4）资源门槛相对较低。观光旅游需要有特别吸引眼球的特色资源，但森林养生不同，可以说，大部分林区都具备发展森林养生的资源条件，只要策划得当，建设到位，就能形成各具特色的高品位的森林养生产品。

5）投资相对小。发展森林养生更注重贯彻环境保护、绿色发展理念，反对借利用之名急功近利、大挖大建，因此，只要因地制宜地选择好发展方向，其投入可以是比较小的。

（二）打造森林养生产品的基本要求

1）学习借鉴国外经验。在德国、日本、韩国等国家，发展森林养生已经有几十年历史，这些国家在探索发展森林养生过程中积累了丰富的经验，值得我国学习和借鉴。

2）要明确产品的主题、发展主线和建设重点。每个产品都应当是特色鲜明的，建设是环环相扣、一气呵成的，而不能变成大杂烩，不伦不类、没有特点，否则就谈不上打造精品。

3）要立足自身实际选择森林养生产品方向，包括要分析资源、环境、区位、文化、市场等特点，以及周边区域的相关领域发展情况、投资潜力等，找准竞争性优势，避免照搬照抄、产品雷同。

4）要在实施方案、总体规划的框架内，加快配套设施建设，不能总停留在炒作概念、呼口号上，要真正形成高标准的、广受市场欢迎的产品，也就是说，要通过必要的建设，把基础优势转化为产品优势、市场优势，从而实现生态效益与社会效益、经济效益的有机统一。

5）要加快专业队伍建设。与观光旅游相比，发展森林养生对专业队伍建设提出了不同要求，需要有一批在相关解说、规划、指导、服务、营销等方面有特别才能的专业人才。

6）要借助各种资源，加强横向合作。有些森林养生产品完全靠林业部门自身是做不了或者做不好的，需要寻求其他部门的支持，如卫生医疗方面的产品、运动健身方面的产品、食品加工方面的产品等。

三、发展森林养生的几个度

目前，各地积极发展森林养生的氛围已经初步形成，很多地方都在进行积极探索和实践，这是一个很好的开端。在发展森林养生过程中，大家应当把握好以下几个度。

1）不能过分虚化森林养生的品牌含义。打造森林养生产品，特别是以基地为载体的森林养生产品，需要有一个明确的范围。更重要的是，在这个范围内，所有建设发展都是以提供森林养生服务为中心的，要根据各地的实际情况，确定功能布局，以及产品开发重点、养生服务主线和主要建设任务等，而不是在原有森林旅游地的基础上挂一块森林养生的牌子那么简单。

2）不能过分泛化森林养生的内容。现在有一种倾向，认为森林养生更有吸引力，于是把森林旅游的所有业态和活动内容都装进森林养生的篮子，像游览观光、休闲度假、文化教育、自然体验、体育运动等，我们在实践中可以与这些方向有机结合，但不能主次不分。发展森林养生针对的是维护和改善人体健康，不能偏离这个主轴太远。虽然很多内容也与养生有或多或少的关系。例如，人们通过欣赏美景愉悦身心，但我们不能把这些当成发展森林养生的重点，这有悖于推动森林养生发展的初衷，也不利于打造出高水平的森林养生产品，不利于推动森林养生事业的健康发展。

3）不宜过分强调森林环境的医疗价值。所有的研究和实践都表明，森林有益于人体健康，这是一种普惠的生态福祉，我们也相信，森林对一些疾患有一定的正面作用，但是，有一点非常重要，那就是森林养生代替不了现代医学治疗手段，过分强调森林的医疗价值容易误导公众，甚至容易引起公众对森林养生价值的质疑。当然，在森林养生发展中，可以与一定的医学手段相结合，但这必须是适度的，森林旅游地的主体属于国家禁止开发区域、国家文化与自然遗产地，林业部门有责任向全民提供欣赏和体验自然的机会，但不能把森林旅游地变成医院和养老院，服务主体不能变成疑难杂症人群，这不是森林旅游该有的发展方向，也不是森林旅游能够承受得了的。

现在有关森林养生方面的提法比较多，如森林康养、森林医疗、森林疗养、森林保健、森林休闲养生等，虽然手段上可能各有侧重，但大方向都是一致的。不管叫什么，关键是要把发展落到实处，不能停留在口号上，不能停留在炒作理念上，有思想后得有行动，有行动后得见成效，要为行业增添活力，让公众切实感受到获益。只有这样，森林养生事业才能保持旺盛的生命力。

充分发挥森林保健养生功效
更好地满足人民多样化的户外游憩需要
——在首届中国森林康养与乡村振兴战略论坛上的发言

国家林业局森林旅游管理办公室主任　程红

各位嘉宾，女士们，先生们：

大家好！很高兴应邀参加今天的论坛，并就森林康养这个话题与大家做一个探讨交流。我刚从国家林业局宣传办调任国有林场和林木种苗工作总站工作，我们总站主要负责全国国有林场、林木种苗、森林公园、森林旅游等四大块业务的行业管理。除了“场圃总站”这块牌子外，同时还加挂着国家林业局森林旅游工作领导小组办公室的牌子，主要职责是统筹谋划和协调推进全国森林旅游发展，承担全国森林旅游行业管理的具体工作。下面，我就从森林旅游行业管理角度，对充分发挥森林保健养生功效、更好地满足人民多样化的户外游憩需要，介绍点情况，谈点想法。

一、森林旅游快速发展，已经成为林业现代化建设的重要内容

大家知道，我国的森林旅游业起步于20世纪80年代初，多年来，全国森林旅游业一直保持着快速增长的态势。2012～2017年，全国森林旅游游客量累计达到46亿人次，年均增长15.5%，创造社会综合产值33 400亿元。2017年，森林旅游游客量预计超过14亿人次，占旅游人数的比例约为28%，创造的社会综合产值预计达到11 500亿元。森林旅游已经成为继经济林产品种植与采集业、木材加工与木竹制品制造业之后，第三个年产值突破万亿元的林业支柱产业。

推动森林旅游发展，完全契合国家实施的有关重要战略，特别是生态文明建设、美丽中国建设、健康中国建设及党的十九大提出的乡村振兴战略等。正因为这样，党中央、国务院在近几年出台的有关生态文明建设、林业改革发展、旅游业改革的一系列重要文件中，都对发展森林旅游提出了要求，作出了部署。2016年年底，国务院印发的《“十三五”旅游业发展规划》，要求拓展森林旅游发展空间，提出要以森林公园、湿地公园、沙漠公园、国有林场等为重点，完善森林旅游产品和设施，推出一批具备森林游憩、疗养、教育等功能的森林体验基地和森林养生基地；还明确地规定森林旅游工作由国家林业局牵头。

经过这些年的努力，发展森林旅游已经成为林业现代化建设的重要内容，国

家林业局党组对森林旅游事业发展高度重视并寄予厚望。张建龙局长曾经强调指出，森林旅游是一个非常好的朝阳产业，特别是东北停止商业性采伐之后，最重要的替代产业就是森林旅游，国家林业局森林旅游管理办公室应很好谋划。并且，还针对森林旅游发展中存在的规划工作不到位、处理保护与利用的关系不到位等问题，张建龙局长进一步做出批示：森林旅游现在初步热起来了，如何做到热的科学、合理、有效，还要下大功夫，请国家林业局森林旅游管理办公室认真研究。按照党组的决策部署，这些年国家林业局森林旅游管理办公室在谋划、引导、推动森林旅游发展中做出了很大努力，并取得了明显成效，我们把这种成效概括为"五个进一步"，即发展环境进一步改善、产品供给能力进一步提高、社会影响进一步扩大、综合带动能力进一步增强、产业规模进一步壮大。

二、森林旅游新业态百花齐放，森林康养发展前景十分光明

当前，我国已经走进了大众旅游时代，这就意味着今天旅游已经成为我们每一个人的一种常态化的生活方式和消费行为。很显然，每一个人的旅游目的和从旅游中获取的价值是不一样的，这就导致了旅游需求的多样化。多样化的需求带动了各种新业态的发展。在这个大背景下，我国森林旅游新业态层出不穷，已经呈现出百花齐放的局面，如森林康养、森林养生、森林疗养、森林保健等。随着这些新业态的成长，社会上一些人开始讨论谁包涵谁的问题，甚至有人认为有的新业态能够包涵森林旅游这个母体，这种认识显然是十分错误的。这种错误还表现在对旅游和森林旅游这两个概念的不了解，这里我向大家做一个介绍。

第一，什么是"旅游"。1995 年，世界旅游组织给"旅游"下了定义，这就是：人们为了休闲、商务和其他目的，离开他们惯常的环境，到某些地方去并在那些地方停留不超过 1 年的活动的总称。进而把"游客"分为 6 大类：一是休闲、娱乐、度假，二是探亲访友，三是商务，四是专业访问，五是健康医疗，六是宗教及其他。

第二，什么是"森林旅游"。2011 年，国家林业局党组给"森林旅游"做了一个明确的界定，这就是：森林旅游是人们以森林、湿地、荒漠和野生动植物资源及其外部物质环境为依托，所开展的游览观光、休闲度假、健身养生、文化教育等旅游活动的总称。

森林康养作为森林旅游的一个重要新业态，发展前景十分光明，主要体现在几个方面。

1）森林康养契合人民对美好生活的新需要。党的十九大报告作出我们社会主要矛盾已经转化为人民对美好生活的需要与发展不平衡不充分之间的矛盾的重大判断。人民对美好生活的需要包括方方面面，但归根结底是求得心情愉快、健康

长寿。能不能心情愉快、健康长寿，除遗传和性格因素外，其他应取决于五个方面，也就是眼睛看到的是不是漂亮，鼻子吸进去的是不是干净，嘴巴吃进去的是不是生态，耳朵听到的是不是悦耳，心里想到的是不是正能量。在五个方面，森林与前四个有直接的正相关关系，与第五个有间接的正相关关系。我在进行林业宣传时，别人问我什么是林业？我回答说，过去的林业是挖坑、栽植、砍木头的老土行业，今天的林业是养眼、养心、养生的时尚事业。森林康养是以森林的养来达到人的健康，实现心情愉悦、健康长寿。所以，森林康养能够很好地满足人民对美好生活的需求。

2）森林康养契合实施乡村振兴战略的新要求。实施乡村振兴战略，是新时代我国更好地解决“三农”问题的重大举措。我国大部分贫困地区位于山区、林区、沙区，据统计，在全国 832 个贫困县中（含贫困片区县），有 415 个贫困县分布着约 540 处国家级的森林旅游地，约占贫困县总数的 50%，这些地区森林风景资源类型多样，资源的原真性、完整性较好，具有发展森林康养良好的资源基础。森林康养的发展，可以发挥在促进贫困人口就业增收中天然的地缘优势，其强大的带动功能可以在实施乡村振兴的国家战略中发挥重要作用。

3）森林康养契合人们对森林旅游趋向的新变化。随着人民生活水平的不断提高，人们对森林旅游的需求更加多元化、多样化。特别是最近几年，随着城市化发展带来的一些负面因素，人们对生活环境和自身健康的质量提出了更高要求，走进森林，发挥森林的保健功能就成为人们对森林旅游的一个重要需求方向。我们去年做的社会调查显示，93%的受访者愿意接受森林养生服务，86%的受访者表示对森林养生基地感兴趣。森林康养作为森林旅游发展的重要新业态，可以在健康中国和乡村振兴战略、打造多样化产品、满足人民对美好生活需要中发挥积极作用，发展前景十分光明。

三、发展森林康养需要把握好几个重要关系

1）要把握好资源保护与基地建设的关系。我国森林旅游地的主体功能大致包括保护珍贵资源、传播生态文化、提供旅游服务，尽管不同类型的森林旅游地各有侧重，但资源的保护是开展所有活动的前提。尤其国家级的森林旅游地更是被定位为国家禁止开发区、国家自然和文化遗产地。森林康养相关基地的建设，必须符合相关法律、法规、规章的要求，必须符合森林旅游地发展的总体规划，不得搞成大开发、大建设，特别是搞成疗养院、养老院，更不得搞成房地产开发、宾馆饭店建设。

2）要把握好挂牌与发展管理的关系。森林康养不仅是在原有森林旅游地基础上加挂一个牌子，基地建设管理不能停留在借挂牌之名，搞概念炒作和跑马圈地

之实。推进森林康养要加强总体规划、实施方案的指导和监管，要在不破坏生态的前提下，加强生态服务设施和自然生态教育设施的建设，真正打造出高标准的、广受市场欢迎的产品。要通加强指导和管理，把自然生态优势转化为产品优势、市场优势，实现森林康养这个牌子的生态效益、社会效益、经济效益的有机统一。

3）要正确处理森林康养与医疗治病的关系。有关研究和实践都表明，森林有益于人体健康，这是一种普惠的生态福祉。我们也相信，森林对一些疾患有一定的正面作用，在某些方面具备一定替代医学、预防医学的功能。但是，有一点非常重要，那就是森林康养代替不了现代医学治疗手段，过分强调森林的医疗价值和治病功能容易误导公众，搞不好还容易引起公众对森林康养价值的质疑。在森林康养发展中，可以与一定的医学手段相结合，充分发挥两者的集合效应，但要分清主次，不能首末颠倒，否则，森林康养就成了森林医院，成了疑难杂症人群活动的场所，这是森林康养的不可承受之重。

4）要把握好森林康养与大旅游协同发展的关系。现在有一种倾向，认为森林康养更有吸引力，要把大旅游的所有业态和活动内容都装进森林康养的篮子，如游览观光、休闲度假、文化教育、自然体验、体育运动等，我们在实践中可以与这些方向和内容有机结合，但决不能本末倒置。发展森林康养是发挥森林的保健功能，不能偏离了这个主轴。与大旅游不同，森林康养要明确产品主题、发展主线和建设重点，每个产品都应当依据区位、资源、环境、文化等禀赋，搞出自己的特色，打造出精品，而不是搞成大杂烩或者大雷同。这样，就没有吸引力，没有竞争力，失去了发展这个新业态的初衷。

各位嘉宾，女士们、先生们：近年来，森林康养得到了国家林业局的高度重视，2017 年上半年，刘东生副局长在国家林业局森林旅游管理办公室的相关报告中指出：要着力培育森林康养等森林旅游新业态的发展，打造成林业产业体系中最亮眼的新增长点。同时，森林康养得到了社会各界特别是相关社团、企业、高校、媒体等的高度关注和大力支持，大家发挥各自优势，在宣传普及、试点建设、人才培养、国际交流等方面做了大量工作，为推动这项事业的发展做出了各自的贡献。我们森林旅游办公室非常愿意为大家开展相关工作提供支持与服务，并欢迎大家积极利用好我们的行业平台。例如，国家林业局每年举办的中国森林旅游节，大家完全可以利用这个平台大显身手、大展宏图，还可以在这个平台上广泛交流合作，充分展示成效，共同推进森林旅游持续健康发展。

我的发言就到这里，谢谢各位！

大健康背景下，森林养生剑指何方？
——对我国森林康养未来发展的分析与探讨

陈鑫峰 李奎

森林有益于人类健康，这一观点经过科学家上百年的探索研究，已经得到证实，同时，也在无数的试验和实践中得到了印证。

对森林有益于人类健康的关注是与城市化进程密不可分的。早在 19 世纪 40 年代初，城市化的快速发展就给人们的健康带来了威胁，西欧科学家在探索解决“城市病”的过程中，把目光聚集在森林环境上。他们发现，森林环境在维持和改善人体健康方面有着传统医学难以企及的优势。伴随着植物芳香原理等研究成果的问世，森林疗法、地形疗法、气候疗法等一系列森林保健疗法也应运而生，于是，人们热切涌向森林，在欧洲率先掀起了森林养生的浪潮，并逐步向世界各地扩散蔓延。20 世纪 30 年代，苏联科学家发现了森林具有强大的抑菌和杀菌功能，并验证了“植物芬多精”在其中的关键性作用，再次为森林的养生保健功效提供了科学依据。到了 20 世纪 80 年代，日本、韩国、中国台湾地区等在吸收了欧洲相关理论成果和实践经验的基础上，推出了森林浴这一森林养生方式，并衍生出了徒步疗法等新形式，受到了公众的广泛青睐，森林浴也很快在中国内地广泛运用。20 世纪 80 年代，中国台湾学者较早地对在森林中徒步促进人体健康的关键因子进行了系统研究，探索了“森林浴”的具体做法及与人体健康的关系。日本学者较多地结合医学的研究成果，力图更深层次地探索森林与人体健康的关系。他们成立了森林医学研究会，初步建立了森林医学理论体系，在全国确定了一批森林浴基地或步道。韩国也从 20 世纪 80 年代末开始大力推进森林养生发展，先后在全国建立了 160 余处休养林、约 200 处休养绿地和多处疗养林。

到目前为止，有两个结论是被普遍接受的：一是森林环境和城市环境有着显著差异，二是森林环境相比于城市环境的差异性对人体健康是有益的。基于此，森林养生才得以在世界范围内兴起和扩散，并为越来越多的人所认识和接受。

森林在改善人类健康方面的功能正好契合了森林旅游的多种优势和需求。例如，如何更好地满足公众多样化的户外游憩需求，如何更好地促进生态文明理念的传播，如何进一步提高森林的多功能利用水平，如何在新形势下林区的转型发展中发挥更积极的作用等。在多种因素的共同作用下，森林养生自然成为下一阶段我国森林旅游发展的重要方向。

2016 年年初，国家林业局下发《国家林业局关于大力推进森林体验和森林养生发展的通知》（林场发〔2016〕3 号），吹响了在全国推进森林养生事业发展的号角。这项工作得到了各地的高度重视，也受到了社会各界的广泛关注和支持。2016 年 7 月上旬，国家林业局森林旅游工作领导小组办公室公布了第一批共 9 个全国森林养生基地试点建设单位，计划以基地建设为抓手，引导和推动全国森林养生事业的健康快速发展。

目前，各地在推进这项工作过程中，使用的概念比较多，如森林养生、森林康养、森林医疗、森林保健等，其实大家的出发点是类似的，都是要把森林有益于身体健康的功能挖掘好、利用好。综合考虑，笔者以为森林养生的提法是最确切的，原因如下：一是中国有传统的养生文化，养生的提法最通俗、最容易被全民理解和接受；二是发挥森林有益于身体健康的功能是面向大众的，其主体是健康人群和亚健康人群。对健康人群来说，森林养生有助于维持健康；对亚健康人群来说，森林养生有助于改善体质、恢复健康。虽然森林养生不排斥各类患病群体，但他们不是主体。

各地在推动森林养生发展过程中，笔者认为应当把握好四个度。

1）不能过分虚化森林养生的品牌含义。打造森林养生产品，需要有一个明确的范围，更重要的是，在这个范围内，所有建设发展都是以提供森林养生服务为中心的，要根据各地的实际情况，确定功能布局，以及产品开发重点、养生服务主线和主要建设任务等，而不是在原有森林旅游地的基础上挂一块森林养生的牌子那么简单。

2）不能过分泛化森林养生的内容。现在有一种倾向，认为森林养生更有吸引力，于是把森林旅游的所有业态和活动内容都装进森林养生的篮子，像游览观光、休闲度假、文化教育、体育运动等。在实践中可以与这些方向有机结合，但不能主次不分，否则无法打造出高水平的森林养生产品，不利于森林养生事业的健康发展。

3）不宜过分强调森林环境的医疗价值。所有的研究和实践都表明，森林有益于人体健康，这是一种普惠的生态福祉，我们也相信，森林对一些疾患有一定的正面作用。但是，有一点非常重要，那就是森林养生代替不了现代医学治疗手段，过分强调森林环境的医疗价值容易误导公众。当然，在森林养生发展中，可以与一定的医学手段相结合，但应当适度，毕竟，森林旅游地不是医院和养老院，其服务的主体也不能变成疑难杂症人群，这既不是森林旅游未来该有的发展方向，也不是森林旅游地所能承受的。

4）不宜过分拘泥于照搬国外、境外的具体做法。为了促进我国森林养生事业的快速、健康发展，我们有必要加强对外交流，多向在这方面起步较早的国家和地区学习，学习它们好的理念和做法，但是，各地一定要从实际出发，要结合国情、林情以及各地的资源特点、文化特征和市场需求等，广开思路，开拓创新。

只有这样，才能逐步打造出丰富多彩、特色鲜明的森林养生产品，以更好地满足公众多样化的森林养生需求。

（资料来源：陈鑫峰，李奎，2016-09-12. 大健康背景下，森林养生剑指何方？对我国森林康养未来发展的分析与探讨[J]. 林业新业态（2）：16-17.）

森林养生基地建设怎样满足人们健康需求
——《森林养生基地质量评定》解读

陈鑫峰　李奎

“森林休养、森林疗养、森林医疗、森林保健、森林康养……”时下，关于“森林养生”一词衍生了很多不同的表述。

国家林业局森林旅游管理办公室为什么选用“森林养生”一词？在发布的《森林养生基地质量评定》林业行业标准中，其指导原则是什么？森林养生的主要途径与产品形态有哪些？森林养生基地建设有哪些质量指标、如何评定等？记者就这些问题采访了国家林业局森林旅游管理办公室主任杨超。

一、森林养生基地建设遵循三原则

森林有益于人类健康的观点已经得到证实，尽管各地在推进这项工作的过程中，使用的概念较多，但大家的出发点是相似的，都是要把森林有益于人体健康的功能挖掘好、利用好。

“选用‘森林养生’一词，符合公众对传统养生文化的认识，符合森林旅游普惠大众的行业需求，也不过分宣扬森林治疗疾病的功效。”杨超对于该标准选用“森林养生”一词给出了答案。

森林养生基地应是以森林资源及其生态环境为依托，利用相关配套设施及服务，通过提供多种形式的森林养生项目，以促进游客强身健体、修身养性为目的，满足不同人群生理和心理健康需求的特定区域。“因此，森林养生基地建设中也将秉持着可持续发展、综合效益和科学性三项原则展开。森林养生基地以实现自然和谐与人类社会可持续发展为宗旨，以森林养生资源的有效保护、永续利用、宣传和繁荣森林养生文化为目标。充分发挥森林养生基地的生态效益、社会效益和经济效益，指导和优化森林养生基地建设。基地建设应遵循自然规律及区域特色，并符合相关法律法规及其他管理条例的要求，兼顾科学性、可行性、前瞻性。”杨超说。

二、五途径、五形态实现森林养生

森林养生是利用森林优质环境和绿色林产品等优势，以改善身体素质及预防、缓解和治疗疾病为目的的所有活动的总称。

怎样才能实现森林养生？

“森林养生主要通过森林景观的感知、森林环境的利用、森林空间的应用、森林文化的感悟和森林食材的食用五个途径来实现。具体来说，就是通过体验独特的森林资源，激发游客积极的心态，达到愉悦心情、修身养性、陶冶情操的活动；利用森林环境中与人类身心健康关联的环境因子，促进游客达到防病治病、康复疗养的活动；利用森林区域的空间及地形等条件，提供满足各类游客需求的运动机会，实现以运动方式促进人类健康的活动；通过森林文化内涵的挖掘，和森林文化载体的适度建设，达到或提升人们对人与自然关系的认知，进而实现提升游客综合文化素养的活动；利用生态、安全、营养的林产品及其初加工食品，满足人类健康的饮食需求，最终实现改善膳食结构，促进人体健康的方法。”杨超告诉记者，其产品形态还可分为保健型养生、康复型养生、运动型养生、文化型养生和饮食型养生五种。“保健型养生是指人们沉浸在优美的森林景观中而产生的自然、放松、愉悦的身心状态，达到调节身心健康的目的，如森林景观、森林音乐、森林美容美体、森林浴、森林温泉等。康复型养生是充分利用森林环境对相关慢性疾病的疗效，如森林中具有药理效果的空气负离子和植物精气等开展森林养生活动，以达到防病、治病和疗养的目的，如负离子保健、植物精气养生、森林养老养生、心理咨询、体检等。运动型养生在森林环境中，利用各种运动来增强体质、减少疾病、促进健康，以达到养生目的，如散步、慢跑、登山、劳作等。文化型养生利用森林文化资源，通过森林文化体验等活动提供养生服务，在森林环境中修身养性、开阔视野，提升生命质量，如禅修、太极、瑜伽、养生操、森林冥想等。饮食型养生要合理利用森林中的食材资源，根据森林食材特有的高品质保健和药用价值，配制食物，以增进健康，获得保健养生需求，如药用食材、有机食品等。”

三、基地建设须满足五项质量指标

标准规定，森林养生基地建设的质量指标分为基地面积、区位及外部交通、森林资源质量、生态环境质量和设施与服务五项。

对此，杨超表示，基地建设要交通便捷，与矿山、交通主干道、机场、工业区等相距 5 千米以上，其集中连片区域应不小于 200 公顷。在森林资源质量指标上，基地内陆地森林覆盖率要大于 60%，基地及其毗邻区域的森林总面积不小于

400 公顷。植被状况良好，动植物种类丰富，物种的生境类型多样，生态系统本土性强，无明显的外来物种入侵问题。拥有相对原始的自然本底，自然与人文资源相对集中，品质较高。

生态环境质量指标细分为环境质量、生态环境、资源利用和分区利用。其中，环境质量从水质、负离子含量、空气细菌含量等方面做了规定。例如，要求所有测点空气负离子含量大于每立方厘米 1 000 个，所有测点空气细菌含量小于每立方米 1 000 个，所有测点 PM 2.5 的 24 小时平均浓度小于每立方米 75 微克等。生态环境要求生态系统的原生状态保持完整，特色鲜明，生态价值和科研价值较高。地形地貌完好，无开矿采石、挖沙取土等改变地形地貌的活动。无对生态环境影响的生产活动，无商品林采伐行为，无与基地管理无关的耕作行为。针对珍稀濒危等物种制订专项保护计划。不宜使用化肥与杀虫剂。遇有大范围病虫灾害时，应在生态专家指导下采取人工干预。应进行持续的生态监测，监测记录完整、准确。分区利用中，明确划分接待区、游憩区、养生区等功能区，合理配置各功能区的面积。服务与接待设施选址应设在生态环境低敏感区域，规模不宜过大。对接待游客人数过多、过频和过密的区域，宜采取分时段、分区域控制游客规模，以及轮值开放与休游措施。

设施与服务质量指标从住宿、餐饮、导览标志、污水处理、安全、医疗、管理等方面做了规定。其中，基地内医疗保健设施应齐全并配置相关的技术人员，与该地区相关的医疗保健机构保持密切合作，设置长期的医疗保健项目并开展地方特色的森林养生。所有工作人员经过必要的业务培训，并取得相应的合格证书，能胜任相应岗位的工作，从业人员持有卫生部门统一颁发的健康证上岗，可为游客提供必要的养生指导和服务。设立统一的投诉受理机构，保证投诉渠道通畅、处理及时。配备充足的森林养生专业指导人员，森林养生指导服务体系完整。拥有专门的森林养生规划与项目设计。建立森林养生客户档案，并制定保密协议等。

“森林养生基地的评定，需要在满足标准规定的所有基本条件的基础上，对基地质量相关指标采取量化分级打分。根据得分将森林养生基地分为 3 个等级。”杨超最后表示。

（资料来源：陈鑫峰，李奎，2016. 森林养生基地建设怎样满足人们健康需求：《森林养生基地质量评定》解读[EB/OL]. (2016-07-14)[2017-07-14]. http:www.forestry.gov.cn.）

森林养生，穹顶之下的修身之法
——探寻森林养生的奥秘

陈鑫峰

养生，即保养生命，使之绵长之意。

从古至今，无论是帝王还是百姓，都有着强烈的长寿、养生观念，这从人们始终在寻找“长生不老药”中便不难看出。

人真的可以长生不老吗？

显然，不可能。但我们能做的，是通过养生的办法延缓衰老的发生。

近年来，持续出现的雾霾天气，让人们开始关注生存环境。那么，是否有一个地方既能为人类提供优越的生态环境，又能保养人的身心健康呢？

答案是“有”。这个地方就是森林。

试想，当您身穿宽松、舒适的衣服，在森林中专设的躺椅上或闭目养神，或读书看报，抑或是在森林里打上一套太极拳，做上几节瑜伽，那将是怎样的一种心境。

森林为我们提供了极佳的养生环境，那么森林养生有着怎样的内涵？森林环境又如何影响着人类的健康？森林养生有哪些方式？让我们一一为您揭晓。

一、森林养生保健能令你内外兼修

从现代医学的角度来说，养生是指根据生命的发展规律，通过各种调摄保养，增强自身体质，从而达到颐养生命、健康精神的目的的科学理论和方法。其精华在于“以自然之道，养自然之根”。

科学研究表明，居住地森林植被条件越好，人就越健康长寿。这一点恰恰说明：森林是人类生存的最佳环境，是人类最好的“保健医生”。

森林养生就是充分利用森林环境和森林产品，科学地发挥森林保健效果，让人们置身森林，吸收天地精华，并根据森林环境及自然资源、文化等特点，有针对性地强化五感体验，开展静养、运动及保健教育，必要时辅以医疗保健人员的指导，从而帮助人们达到预防疾病和增进（维持）身心健康的目的。

根据《黄帝内经》对“养生”的三个境界划分，森林养生可以分为养身、养气、养心三个层次。

森林养身以森林环境和森林产品为物质基础，以保证形体、体格的健康为主要目的，科学地发挥森林保健效果，内养正气以强身，外避虚邪以防病；森林养气则以森林自然环境和森林精神文化为依托，达到形神共养的目的；森林养心属于天人合一的最高层次，是指将身体与心灵全部融于森林乃至整个自然界中，主动将自己日常行为和精神情志活动与自然环境和社会环境融为一体。达到这一层次，不仅人的身体健康水平大幅改善，而且在心理状态、行为模式等方面也将产生深层次的提升。

二、森林环境“益生素”助你更健康

在森林怀抱中，人们可以排遣城市的喧嚣，置身轻松的环境，领略生活的真谛，参悟人生的价值。

为什么这些行为只有在森林中才能实现？怎样的环境影响着人类的健康？

原来，森林环境可分为气环境、光环境、水热环境和声环境四种。其中，气环境又包括森林氧气、植物精气、负离子、空气洁净度和空气含菌量五种。

长期生活在森林中的居民之所以疾病少、寿命长，是因为与负离子含量高有着密切的关系。医学临床试验结果表明，空气负离子的保健医疗作用主要表现在消除疲劳、恢复体力，促进高血压、冠心病等疾病的康复，调节中枢神经系统，促进血液形态成分与物理特性恢复正常，提高机体细胞免疫力，辅助治疗呼吸道、支气管等疾病，降尘抑菌、除菌除臭共七个方面。

森林还能分泌杀菌素，如萜烯、乙醇、有机酸等，如 1 公顷的榉、桧、槐等树木，一昼夜能分泌 30 千克的杀菌素，这些物质能杀死细菌、真菌和原生动物，使森林中空气含菌量大大减少。

中南林业科技大学森林旅游研究中心监测的 460 多组数据表明，森林空气中细菌含量为每立方米 0～320 个，极个别森林会达到每立方米 500 个；而城市空气中细菌的含量一般为每立方米 2 700～28 600 个，大部分城市为每立方米 16 000～28 600 个，大大超过国家卫生标准限值每立方米 3 700 个。空气中绝大多数细菌对人体健康有害，因此，空气中细菌含量已经成为评价一个地区空气质量的重要指标。

漫步森林，我们会感到光线柔和，从而产生极强的舒适感，这是因为树叶对阳光进行了过滤。根据相关研究，森林环境中的光环境照度是在城市环境的 2/9，这说明森林中的光环境照度变化是不大可能造成炫光和眼睛不适的。

森林养生中，声环境是非常重要的。人们在噪声较低的森林中，可以聆听鸟的鸣叫、水的流动等“天籁之音”。这是因为，森林是天然的消声器，具有防噪声效果，森林里的树木的吸声能力比粗糙的墙壁更强，树木还能减少声音的反射。森林的消声能力是与森林面积成正比的，森林面积越大，林带越宽，消除噪声的能力就越强。绿色的林带像一堵隔音墙，尤其能隔离高频的车辆噪声。声波碰到林带，能量被吸收 20%～26%，声强降低 20～25 分贝。

此外，能共同对人体健康产生影响的还有湿度和温度。因而，适宜的温度和湿度可抑制病菌的滋生和传播，提高人体的免疫力。据研究，森林环境中的空气温度约为 20.1℃，而城市环境中的温度约为 26℃，人体最适宜的温度在 18～24℃；森林环境中的湿度为 75.1%，而城市环境中的湿度为 59.3%，人体最适宜的健康湿度在40%～65%。

三、五类疗法让你熟知森林养生

任何疗效的产生都有一个循序渐进的过程。森林养生疗法不仅对森林环境有明确的要求，对疗养者时间保障同样关键。按照森林本身资源组合情况，森林养生疗法大致可分为五类，即环境疗法、温泉疗法、饮食疗法、文化疗法和医学疗法。每类疗法既可独立开展，又可结合运用。

环境疗法，又称为森林浴，其疗养原理在于“森林环境＋森林漫步”。在森林环境中利用五感来感受自然的风景、声、色、触感、生命力，或利用森林气候（植物精气、负离子）、地形、立地效果来维持和增进人的身心健康。这种疗法四季皆宜，可分为坐浴、睡浴的静疗法，以及步行浴、运动浴的动疗法。例如，森林浴场、户外瑜伽、森林单车骑行、森林健康步道等。这种疗法能促进人体的新陈代谢，增强人体的抵抗力，消除神经紧张和视力疲劳，对患有高血压、神经衰弱、呼吸道疾病等人群，有确切的辅助治疗作用。

温泉疗法，以“森林环境＋自然温泉”为治疗原理。在茂密的森林中，沐浴着天然温泉，闭目休憩片刻，消除疲劳，神清气爽；坚持长期泡浴，水中的矿物质则会沉淀在皮肤上，改变皮肤酸碱度，还可刺激自律神经、内分泌系统及免疫系统。此类疗法有助于缓解疲劳，加速人体新陈代谢，对各种皮肤病、关节炎及神经系统、消化系统等方面疾病有明显疗效。

饮食疗法，以“森林产品＋健康食谱”为治疗原理。它是指合理利用森林中的植物资源，根据不同植物特有的药用价值，按照健康饮食规律，配制食物，生成养生食谱，从而满足保健养生需求。这种方式适合城市亚健康人群，尤其是“三高”（高血压、高血脂、高血糖）患者，以改善不良饮食习惯。

文化疗法，治疗原理以“森林文化＋心理疗养”为基础，借助中华养生文化、民族养生传统的深度养生层次，是养气层次向养心层次的过渡与升华。这种疗法是人们通过对文化的认知、体验等使文化元素在人的机体内产生反响，产生不同程度的心理反应和情感反应。这种方式适宜工作、生活等压力较大、精神紧张的都市人群。

医学疗法，以“森林环境＋现代医学”为治疗原理，以建立“森林医院”为主要形式，充分利用森林所独具的养生疗养性能。森林医院可分为两个类型，即健康评估型森林医院和医疗度假型森林医院。健康评估型森林医院以森林景区为基地，利用“IT＋健康＋旅游”的新模式，可与保险公司合作，由健康保险公司提供体检系列服务，与旅行社合作推出整体健康管理。此模式可与森林景区现有的养生资源相结合，并融合林、温泉、茶等多种养生资源。医疗度假型森林医院需要以一定的医疗条件和医疗技术作为支撑，配备医疗人员和具有医疗专业知识技能的导游，为游客提供食宿、检查和养生度假等一条龙服务。其中，健康评估型森林医院面向工作压力较大的中青年工薪阶层，医疗度假型森林医院则可针对消费水平较高的国内外高端市场。

（资料来源：陈鑫峰，2015-07-07. 森林养生，穹顶之下的修身之法：探寻森林养生的奥秘[N]. 中国绿色时报，4.）

我国的森林养生事业该如何发展？——关于森林养生的发展与探索

程希平 陈鑫峰

随着居民经济收入的提高与回归自然需求的增加，人们越发关注生态环境与康体保健的关系，养生保健作为释放心理压力、提高身体机能的一种特殊途径，越来越受到民众的青睐。森林一直以来被认为是人类精神的摇篮，现代科学也逐渐证实，森林及其赋存环境对人类生理与心理有重要的养生保健功效。

作为自然资源的重要载体，森林除了能为人类提供栖息的场所、游憩的空间、生产生活所需材料，还发挥着固碳释氧、涵养水源、净化空气等重要的生态功能。森林及其资源禀赋对人体健康的功效，近年来被越来越多的学者通过研究所证实，其结果主要体现在心理健康与生理健康两个方面。在心理健康方面，通过刺激五官感受，可实现降低疲劳、愉悦放松、改善心情、调节情绪等功能。在生理健康方面，可调节中枢神经，减少交感神经活动，增加副交感神经活动；降低血压及脉搏率，预防和减缓高血压等症状；杀死病菌，提高人体免疫力；提高 NK 免疫细胞活性，预防癌症的产生和恶化等。虽然森林环境对人体健康来说，益处与风险（与森林有关的传染病，如莱姆病、蜱媒脑炎等；危险的野生动物；有毒果实等）并存，但若管理有效，风险就会降低。因此，规范森林养生产业的发展亟待加强。

发展森林养生事业，增进公众健康和预防生活习惯病，是国际林业发展的一种新趋势，是改善生态环境和民生福祉的重要内容，也是建设生态文明和美丽中国的生动实践。我国地域广阔，森林资源类型丰富，居民对康体保健的需求多样，利用森林的养生功能潜力巨大。然而，目前国内对森林养生的研究与发展仍处于初级阶段，森林养生项目，更多是养生概念的套用，因此，无论是在具体的发展实施方面，还是在理论研究方面与国际相比都存在较大差距。

养生，原指道家通过各种方法颐养生命、增强体质、预防疾病，从而达到延年益寿的一种医事活动。从现代医学的角度来说，养生是指根据生命的发展规律，通过各种调摄保养，增强自身体质，提高正气，从而增强对外界环境的适应力和抗病力，达到颐养生命、增强体质、健康精神、增进智慧、延长寿命的目的的科学理论和方法。森林养生是指充分利用森林资源和环境达到科学地发挥森林保健的效果，帮助到访者实现精神放松、身体疗养，实现增进（维持）身心健康目的的活动与方法。森林养生依赖于人类健康福地的天然禀赋，以及源远流长的文化资源，人们在森林怀抱中，排遣城市的喧嚣，置身轻松的环境，领略生活的真谛，参悟人生的价值。

随着社会发展，人类对森林的认识，已由最初的原始崇拜、资源获取与简单利用，朝着审美自然、体验文化、感知生命、陶冶身心、医疗保健等综合认知方向发展。人们逐渐开始对森林有了新的认识和回归自然的渴求，同时对森林养生的理解也不断丰富与发展。

20 世纪 80 年代起，我国开始以森林观光为主要旅游形式，这为森林养生发展奠定了一定的基础。中国台湾及内地一些地方开始规划建立了森林浴场，以满足日益增长的保健需求，但整体规模小，模式单一，产生的影响有限。目前，北京启动了“森林疗养基地”建设，黑龙江等地开展了“森林医院”“森林疗养基地”建设活动，对森林养生进行了有益的探索。

推广森林养生能够改善人们亚健康的现状，满足人们日益增长的养生需求，同时能够促进森林多功能利用，提高森林经营水平，实现生态文明建设的目标。如何实现中国森林养生产业的快速健康发展？笔者提出以下六点建议。

1）制定行业标准，推动森林养生基地建设。在森林养生的发展中，政府的重视、引导和支持是森林养生活动顺利开展的重要保障，要依靠政府的力量对森林养生的发展进行科学规范，建立并完善发展与运营的结构体系。要尽快制定养生林、森林养生行业、森林养生设施等标准，从而保证我国森林养生产业实现又好又快发展。国家级森林养生基地评价标准是地方级标准的重要参考。分阶段分区域地在全国建设一批森林养生基地，总结经验，逐步推广和提高。

2）建立准入制度，鼓励森林养生产业发展。要建立公开、平等、规范的森林养生服务业准入制度，积极支持以公建民管、民办公助、政府补贴等多种方式兴办森林养生服务业，鼓励社会资金以独资、合资、合作、联营、参股等方式兴办森林养生服务业。同时，发展森林康复医疗业，建设森林康复中心、森林医院等；发展森林养生休闲度假业，包括森林养生度假区、森林艺术家村、森林人家等；发展养生中草药种植业，在森林中专门开辟出一块地方，种植与养生有关的中草药，尤其是可以直接吸收植物精气的天然芳草、香料植物等；发展种植业、养殖业，如开辟茶园、花园、果园、养蜂场等。

3）注重人才培养，培育专业化服务型队伍。成立森林养生专家组，不仅能够在理论层面上指导森林养生活动的科学开展，还能在实践层面上指导森林养生项目的设计开发。开展与森林养生相关的定性与定量研究，挖掘森林养生的自然与文化资源，开办专家讲座、现场交流、专业培训等活动，鼓励专家与一线疗养工作者的交流互动，能够使森林养生从科学研究到产业开发的整个过程，都合理有序进行。加强森林养生从业队伍的培养，建立研究专家团队，在有条件的高校设立专门的森林养生保健专业，培养中高级研究和管理人才；同时，提高森林养生基地的整体服务水平，加强森林养生理念宣传和职业技术培训，调动社区居民参与的积极性。最终形成强大的科技与人才支撑体系，为推进森林养生产业的发展提供了有力的科学支持与技术指导。

4）构建认证体系，完善整体规划试点示范。森林养生应纳入政府公共服务范畴，需要强有力的政府推动，要建立国家与地方层面的森林养生管理机构，指导森林养生基地的建设与管理，加大资金支持，推动基础设施建设，促进森林养生的产业化发展。借鉴日本和韩国的相关经验，建立完善的森林讲解员和理疗师森林疗养服务人员资格认证、培训体系，定期培训、不定期考核，为森林疗养者提供科学有效的养生指导，加快培育森林养生服务人员的能力建设。加强顶层设计、整体规划与合理布局，制定阶段性发展目标。根据资源状况、植被特点、人流数量等情况，设计不同类型的国家级或区域性的森林养生基地。借鉴国际先进模式，选择有条件的森林公园、自然保护区等开展试点示范，打造有特色的示范点和技术模式，力求多方位、深层次地开发森林养生产品。

5）坚持保护优先，探索森林养生发展模式。在森林等自然资源开发过程中，要始终坚持保护优先的原则。禁止在自然保护区的核心区、缓冲区开展森林等自然资源旅游活动。对于各类建设工程，必须做好前期研究及对生态系统的影响评估，逐步建立起资源监测体系。同时，政府、社会都要积极支持并探索、创新多元化的森林养生经营、管理模式。随着生态旅游的发展，森林因其独特的森林资源、优美的生态环境和丰富的动植物资源成为游客外出旅游的首选区域，森林养生与旅游业的融合发展，是比较理想的发展模式。

6）提高理念宣传，加深研究合作机制。森林养生产业的良好发展，与公民对森林养生的认知度密不可分。因此，要充分利用各种媒体，多途径、多层次宣传森林养生知识，转变观念，指导和引导森林养生活动，培育良好的森林养生市场环境。此外，森林养生涉及多个领域，需要多学科参与，特别要加强林业和医学的结合，要有长期监测数据的支撑，加强森林养生保健机理研究，通过研究成果进一步影响决策者和普通市民。同时，加强国际合作，强化“引进来、走出去”的人才交流与培养策略，推进技术与理念的引进和消化吸收。并且，制定优惠政策，引导社会参与合作，发挥市场作用。

（资料来源：程希平，陈鑫峰，2016-01-05. 我国的森林养生事业该如何发展？关于森林养生的发展与探索[N]. 中国绿色时报，A4.）

参 考 文 献

蔡红，2009．中国高端旅游市场：定位与开发[M]．北京：中国经济出版社．

程希平，2016-03-29．森林旅游怎样为林区扶贫提供助力？[N]．中国绿色时报，A4．

程希平，陈鑫峰，2016-01-05．我国的森林养生事业该如何发展？：关于森林养生的发展与探索[N]．中国绿色时报，A4．

程希平，等，2015．日本森林体验的发展及启示[J]．世界林业研究，28（2）：75-80．

程希平，等，2015．森林养生基地建设的探索与实践[J]．林业经济问题，35（6）：548-553．

程希平，等，2016．森林体验基地建设的模式与路径探究[J]．林业资源管理（2）：25-29．

程希平，等，2016．森林养生开发及研究进展[M]// 福建农林大学园林学院，中国林学会森林公园分会，国家林业局森林公园工程技术研究中心．2015 中国森林公园与森林旅游研究进展：新常态下森林公园与生态旅游产业创新发展．北京：中国林业出版社．

何平鸽，程希平，王哲鑫，2015．昆明西山森林公园游客森林保健意识调查分析[M]// 福建农林大学园林学院，中国林学会森林公园分会，国家林业局森林公园工程技术研究中心．2015 中国森林公园与森林旅游研究进展：新常态下森林公园与生态旅游产业创新发展．北京：中国林业出版社．

侯元兆，曾祥谓，2010．论多功能森林[J]．世界林业研究，23（3）：7-12．

金鑫，等，2012．辽东山区水源林多功能经营技术及模式[J]．林业实用技术（2）：10-12．

靳芳，等，2005．中国森林生态系统服务功能及其价值评价[J]．应用生态学报，16（8）：1531-1536．

敬熙琳，卢俐帆，2016．玉屏康养之旅：返璞归真的养生之道[J]．绿色天府（1）：37-38．

李嘉珏，李仰东，2001．甘肃黄土高原林业现状及发展方向探讨[J]．西北林学院学报，16（1）：87-91．

李经龙，张小林，郑淑婧，2005．旅游体验：旅游规划的新视角[J]．地理与地理信息科学，21（6）：91-95．

李明，等，2016．广西金秀地区不同海拔梯度的土壤环境质量分析[J]．科学技术与工程，16（16）：313-316．

李卿，2016．森林医学[M]．北京：科学出版社．

李振军，2013．森林多功能经营模式[J]．林业实用技术（1）：18-20．

栗晓东，2013．基于游客体验的森林公园生态旅游环境承载力研究与实证[D]．厦门：厦门大学．

林天喜，等，2003．欧洲近自然的森林经营理论与模式[J]．吉林林业科技，32（1）：76-78．

陆元昌，等，2010．从法正林转向近自然林：德国多功能森林经营在国家、区域和经营单位层面的实践[J]．世界林业研究，23（1）：1-11．

南海龙，等，2013．日本森林疗法及启示[J]．世界林业研究，26（3）：74-78．

欧阳志云，王效科，苗鸿，1999．中国陆地生态系统服务功能及其生态经济价值的初步研究[J]．生态学报，19（5）：607-613．

郄光发，等，2011．森林保健生理与心理研究进展[J]．世界林业研究，24（3）：37-41．

冉陆荣，吕杰，2008．森林多功能利用的产业发展模式选择[J]．辽宁林业科技（1）：23-25．

沈国舫，1989．林学概论[M]．北京：中国林业出版社．

世界养生酒店集团，2015．世界养生旅游白皮书[R]．Healing Hotels of the World，上海．

汪朝辉，田定湘，2007．森林旅游产品的可持续开发对策研究[J]．民族论坛（10）：14-16．

王爱，2013．森林旅游产品开发探析[J]．林业资源管理（2）：37-41．

王丹，路日亮，2014．我国城镇化进程中的生态问题探究[J]．贵州社会科学（5）：62-67．

王方华，顾锋，2007．市场营销学[M]．上海：上海人民出版社．

王民，等，2012．德国、英国自然保护区管理和环境科普情况介绍[J]．地理教育（Z2）：121-122．

王四海，等，2016．美国露营活动流行原因分析及对我国的启示[J]．世界地理研究，25（1）：115-124．

王彦辉，肖文发，张星耀，2007．森林健康监测与评价的国内外现状和发展趋势[J]．林业科学，43（7）：78-85．

王莹，2006．杭州国内休闲度假旅游市场调查及启示[J]．旅游学刊，21（6）：44-80．

魏晓慧，2013．森林多功能经营技术与利用模式研究[D]．北京：北京林业大学．

邬金涛，范绪泉，2011．营销管理[M]．武汉：武汉大学出版社．

吴楚材，等，2012．森林：人类健康的摇篮[M]．北京：中国旅游出版社．

吴楚材，吴章文，罗江滨，2006．植物精气研究[M]．北京：中国林业出版社．

吴敏，2006．5种杉科植物不同部位的精气成分[J]．中南林学院学报，26（3）：82-86．

吴章文，吴楚材，文首文，2008．森林旅游学[M]．北京：中国旅游出版社．

肖光明，吴楚材，2008．我国森林浴的旅游开发利用研究[J]．北京第二外国语学院学报，30（3）：70-74．

谢京湘，1988．试论我国平原林业[J]．北京林业大学学报（A02）：8-13．

杨大新，等，2016．基于森林体验视角的森林旅游开发与研究[M]// 福建农林大学园林学院，中国林学会森林公园分会，国家林业局森林公园工程技术研究中心．2015中国森林公园与森林旅游研究进展：新常态下森林公园与生态旅游产业创新发展．北京：中国林业出版社．

于冬璇，刘兴双，2011．体验经济视角下城郊型森林旅游开发研究：以沈阳市为例[J]．林业资源管理（2）：21-26．

袁位高，等，2003．江河滩地多功能用材林经营技术研究[J]．浙江林业科技，23（2）：1-6．

张德成，等，2011．论多功能森林经营的两个体系[J]．世界林业研究，24（4）：1-6．

张会儒，唐守正，雷相东，2010．我国森林的多功能经营[C]//中国林业科学研究院资源信息研究所．森林可持续经营研究．北京：中国林业出版社．

张健华，余建辉，2007．森林公园环境保护与游客体验管理的协调机制研究[J]．福建农林大学学报（哲学社会科学版），10（6）：38-42．

赵敏燕，2016-03-02．森林旅游解说系统如何“接地气”？[N]．中国绿色时报，A4．

赵敏燕，陈鑫峰，2016．中国森林公园的发展与管理[J]．林业科学，52（1）：118-127．

赵同谦，等，2004．中国森林生态系统服务功能及其价值评价[J]．自然资源学报，19（4）：480-491．

郑群明，2011．日本森林保健旅游开发及研究进展[J]．林业经济问题，31（3）：275- 278．

郑茹敏，2015．基于森林多功能利用的森林体验开发研究：以昆明市西山森林公园为例[J]．林业资源管理（5）：157-161．

郑茹敏，陈鑫峰，程希平，2015．昆明市西山森林公园森林体验开发研究[M]// 福建农林大学园林学院，中国林学会森林公园分会，国家林业局森林公园工程技术研究中心．2014中国森林公园与森林旅游研究进展：大力推动城郊型森林公园发展．北京：中国林业出版社．

邹统钎，陈芸，2012．旅游目的地营销[M]．北京：经济管理出版社．

大石康彦，2001．森林体験の実践と可能性[J]．森林科学，31（31）：2-8．

恒次祐子，宮崎良文，2007．生理応答に基づく森林環境・森林系環境要素の快適性評価[J]．木材工業，62（10）：442-447．

平野秀樹，2007．森林・環境政策と森林セラピー[J]．日本衛生學雜誌，62（2）：269-270．

市原恒一，等，2008．森林作業がボランティアの心理に与える影響[J]．日本森林学会誌，90（6）：411-414．

FUJISAWA M, et al., 2008. The relations between light intensity-fluctuation of various forests and psychological appraisals of subjects in several man-made coniferous forests[J]. Journal of the Japanese institute of landscape architecture, 70(5):709-712.

HE P G,et al., 2015. Effects of forest health tourism on human health[J]. International journal of science, 2(9):1-6.

MIYAZAKI Y, 2009. Physiological effects of forest recreation in a young conifer forest in Hinokage town, Japan[J]. Silva fennica, 43(2): 291-301.

PINE J B, JAMES H, GILMORE J H, 1999. The experience economy: work is theatre and every business a stage[M]. Boston: Harvard Business School Press.